立德树人
朝话课程

何 华 / 著

南海出版公司

2024·海口

图书在版编目（CIP）数据

立德树人朝话课程/何华著. -- 海口：南海出版公司, 2024.3

ISBN 978-7-5735-0683-2

Ⅰ.①立… Ⅱ.①何… Ⅲ.①小学语文课—教学研究 Ⅳ.① G623.202

中国国家版本馆 CIP 数据核字 (2023) 第 217640 号

LI DE SHU REN ZHAO HUA KECHENG
立德树人朝话课程

作　　者	何　华
责任编辑	李凤君　吴　娜
出版发行	南海出版公司　电话：（0898）66568511（出版）
社　　址	海南省海口市海秀中路51号星华大厦五楼　邮编：570206
电子信箱	nhpublishing@163.com
经　　销	新华书店
印　　刷	北京佳益兴彩印有限公司
开　　本	710毫米×1000毫米　1/16
印　　张	10
字　　数	98千字
版　　次	2024年3月第1版　2024年3月第1次印刷
书　　号	ISBN 978-7-5735-0683-2
定　　价	48.00元

南海版图书　　版权所有　　盗版必究

前　言

义务教育质量事关少年儿童健康成长，事关国家发展，事关民族未来。要坚持立德树人、以文化人，培养能够担当民族复兴大任的时代新人。

作为一线语文教师，我一直致力于传统文化与语文教学的相关研究：启动经典诵读工程，设计古诗文星级达标活动，举办校园诗词大会，构建传统文化融合的课堂范式……机缘巧合，2018年，在珠海与广东省名师工作室主持人严杏老师相识相知，有幸参与"立人视角下的诵读实验研究"。这个项目后来拿到了国家基础教育成果二等奖、广东省基础教育成果一等奖。成果的深度与广度在广东乃至全国都有极大影响力。

相关的研究引发我的深入思考：如何在有效传承优秀传统文化过程中培养担当民族复兴大任的时代新人？如何在大语文视域下实现立德树人目标？……在华东师范大学刘良华教授的指导下，从2019年开始，我带领教师研发文史哲融合的"朝话"课程。以传承发扬优秀传统文化为使命，向内打通文史哲艺，向外融合自然科学，着力探索基础教育阶段实现立德树人目标的有效载体。

"朝话"以哲学、文学和语言学理论为基础，涉及历史学、文化学、社会学、心理学、人类学等问题，反映出学科之间相互交流、渗透和融合。我们把深刻的道理融入小故事、小话题、小活动当中，使传承传统文化成为"朝话"课程研发的文化自觉。每天早上一集5分钟左右的"朝话"视频小哲理课、小教育课，引领师生开启校园生活美好的一天。

"朝话"课程研发以"组建一支微团队，带领一批共同体，链接一群联盟校，组成一条教育链"为理念，加入"粤派教育 兴发教学"联盟，引领师生"双线并行"发展。教师站在学生立场进行设计、制作；学生观看"朝话"视频之后进行交流和反馈。学生的反馈延展为"朝话"课程重要的组成部分，设计成"对话'朝话'"。同时，指导学生参与"党的故事我来讲""小小红色宣讲员"等系列活动。"朝话"课程激发了校园活力，促进师生教学相长、共同兴发。

在专家的指导下，在领导的关心下，在所有参与研发的老师们的共同努力下，我们取得了丰硕的研究成果。感谢珠海市斗门区实验小学等12所学校的校长和老师们的积极参与，潜心研究。我们历时4年时间，制作完成了1000余节朝话微课和80余万字的设计文稿，结集出版《小学朝话课程设计》专著。"朝话"研发成果先后登上学习强国平台、《光明教育家》、《南方日报》等媒体，参展第六届中国教育创新成果公益博览会，得到广泛推广。

"朝话"课程让我们找准了有效传承优秀传统文化和实现立德树人目标的发力点。我把研究进行梳理、提炼、出版，希望更多学校、教师和孩子们可以遇见"朝话"，追光而遇，沐光而行！

何 华

2023年6月1日

目 录

序　言　"朝话"课程　弦歌不断 / 刘良华 …………………… 1

第一章　教育的根本任务：立德树人的理论阐释………………… 1

第二章　"朝话"课程研发：立德树人的校本实施……………… 29

第三章　"朝话"设计：体现立德树人根本目标………………… 51

第四章　"朝话"的视频制作：站在小学生的视角欣赏………… 67

第五章　"朝话"的综合评价：让学生畅所欲言………………… 91

第六章　"朝话"的研究成果…………………………………… 111

后　记　研发"朝话"课程　增强文化自信 …………………… 145

参考文献………………………………………………………… 150

序　言

"朝话"课程　弦歌不断

刘良华

"朝话"课程是兴发教学实验团队的阶段性成果。兴发教学发端于孔子"兴于诗,立于礼,成于乐"的教育古风,它以兴起和引发学生学习的爱与意志为首要目的,注重通过情感兴发、知情互动,兴起和引发学生主动学习、倾心好学的激情。"朝话"便是团队老师在兴发教学研究过程中,唤醒和激励孩子们学习爱意的教材或读本。

语文是一门综合性课程。如果要延续中华文明的血脉,体认人类共同的命运,洞察个人内心的本真,语文课堂需要整合三个学科:文学(含艺术)、历史和哲学。文学让人审美,历史令人回眸,哲学引人思索。每一条路都能通向人心灵的深处,回到教育的原点。

由此,我们通过"朝话"课程来整合文学、历史和哲学,以此推进兴发在语文学科领域的教学改革。"朝话"主要有四个目标:

一是综合性。这门课程努力体现语文的课程性质，把语言文字的学习、运用融入其中。每一次"朝话"都重视诵读积累、复述故事及模仿写作，以此促进学生读写思的能力。朝话是一门综合性、实践性的课程。它是打破学科中心，实现跨界学习，涉及文史知识、诗词典故、诸子百家。

二是典范性。阅读是促进学生自学和整体学习的重要途径。"朝话"倡导典范文本的阅读，并以"范本"阅读促进"泛本"阅读。"朝话"精选了《诗经》《孟子》《史记》《古文观止》、成语故事、四大名著、古诗词等大量典范的阅读材料，按主题呈现单篇或节选文本。通过"范本"阅读，兴起和引发学生的学习激情，进而主动开展"泛本"阅读。这里的"泛本"是指由典范文本引出的，一篇带多篇、一篇带整本甚至一篇带一类的阅读文本，提倡学生开展广泛的读、"不求甚解"的阅读，以求阅读"质"与"量"的均衡。

三是兴发性。"朝话"每一讲均按照"引疑—讲授—讨论—拓展"的思路展开，倡导以兴发的方式，促进学生主动自学、善于提问，并努力体现"如切如磋、如琢如磨"的学习氛围。教师在每一讲"朝话"中，将讲授的篇幅作总体控制，不在于全盘灌输、面面俱到，而在于以点带面、相机诱导；同时注重设计课前的启发质疑、"范本"的阅读兴发、课后的问题思考讨论、拓展阅读或实践，激发学生主动学习的意志，让学生在"朝话"中培养兴趣、学会方法、获得自信。

四是育人性。中国古代有丰厚的诗教传统，注重诗文的"吟咏性情"和道德教化功能，发挥语文学科的育人功能。每一讲"朝话"，都是一次与经典、与先哲的对话；每一篇文、史、哲的选文，都是培植、滋养学生健全人格的深厚土壤。"朝话"编选了较多侧重体现"仁、智、勇"三达德的文学故事、历史故事、哲学故事等，努力实现"文武双全、通情达理、劳逸结合"的育人目标，潜移默化地塑造儿童的心灵，培植儿童的人格，使得"立德树人"根本任务得到校本化的实践。

《庄子》中这样记载孔子讲学的情景："孔子游乎缁帷之林，休坐乎杏坛之上。弟子读书，孔子弦歌鼓琴。"在一片树影摇曳中，琴声、书声、歌声丝丝入扣，令人沉醉。

期待"朝话"课程，带给我们这"弦歌不断"的美好境界。

第一章

教育的根本任务：立德树人的理论阐释

一、教育是立德树人的事业

二、价值观教育融入课程体系

三、培养合格建设者和接班人

四、案例剖析：中国祥瑞

一、教育是立德树人的事业

教育是立德树人的事业。"国无德不兴，人无德不立"，学校立身之本在于立德树人，要把立德树人的成效作为检验学校一切工作的根本标准。

立德，就是坚持德育为先，通过正面教育来引导人、感化人、激励人，培育青少年坚定的理想信念，坚定马克思主义信仰、共产主义远大理想、中国特色社会主义共同理想，树立实现中华民族伟大复兴的自信心，解决好世界观、人生观、价值观这个"总开关"问题。树人，就是坚持以人为本，通过适合的教育来塑造人、改变人、发展人。立德树人是教育工作的根本任务，也是教育现代化的方向与目标。

国无德不兴，人无德不立。"德者，本也。"德对于个人、对于社会，都有基础性意义，是整个国家、民族、社会向上向善的力量。德作为一种宝贵的精神财富，具有规范社会行为、维护社会秩序、引领社会风尚的重要作用。只要全社会努力积善成德，只要中华民族一代接着一代追求美好崇高的精神境界，就能为实现中华民族伟大复兴的中国梦凝聚起强大的精神力量和有力的道德支撑，我们的民族就将永远健康向上、永远充满希望。

做人做事第一位的是崇德修身。做人是做学问、干事业的前提。立德是一个人做人的基础。青年人没有崇高理想和良好品质，掌握再多知识也无法成为优秀人才。中华优秀传统文化特别强调品德修养之于个人成人成才的重要意义,注重以德领才、以德蕴才、以德润才。不养德修身,难以成为有用人才,更难成为大家、大师。我们党的用人标准之所以是德才兼备、以德为先,是因为德是首要、是方向。一个人只有明大德、守公德、严私德,其才方能用得其所。

学校立身之本在于立德树人。学校是人才培养的主阵地。尽管经济社会发展赋予学校许多使命和功能,但最根本的还是培养人才。人才培养一定是育人和育才相统一的过程,而育人是本。育人的根本在于立德。要把青年人培养成优秀人才,不仅要抓好知识教育,更要抓好思想品德教育。

教育要坚持把立德树人作为学校办学的根本,把立德树人内化到学校建设和管理各领域、各方面、各环节,做到以树人为核心,以立德为根本。学校要紧紧围绕立德树人的根本任务,加快构建充满活力、富有成效、更加开放、有利于学校科学发展的体制机制。

立德树人的成效是检验学校一切工作的根本标准。学校要围绕这个根本任务、坚持这一根本标准,建立健全促进立德树人的教育体系;要把立德树人成效这一根本标准落实到办学的体制机制上来;要全面落实立德树人根本任务,推进育人方式、办学模式、管理体制、保障机制改革,建立促进学生身心健康、全面发展的长效机制;要健全立德树人落实机制,扭转不科学的教育评价导向,坚决克服唯分数、唯升学、唯文凭、唯论文、唯帽子的顽瘴痼疾;要注重把立德树人、规范管理的严格要求和春风化雨、润物无声的灵活方式结合起来，充分发掘各门课程中的德育内涵，加强思想政治理论课程建设；要加强学校教育、家庭教育、社会教育的有机结合，构建各级党政机关、社会团体、企事业单位及街道、社区、镇村、家庭共同育人的格局。

党的十八大以来，习近平总书记高度重视立德树人在教育中的重要地位和作用，多次强调要坚持把立德树人作为根本任务，培养德智体美劳全面发展的社会主义建设者和接班人。在这个根本问题上，必须旗帜鲜明、毫不含糊。

二、价值观教育融入课程体系

教育是立德树人的事业。立德树人关系党的事业后继有人，关系国家前途命运。习近平总书记一贯高度重视培养社会主义建设者和接班人，把立德树人作为教育的中心环节。

国无德不兴，人无德不立。德对于国家和个人都有着基础性意义。伟大的民族需要有强大的精神力量支撑，国家的强盛也离不开精神力量的支持。德作为宝贵的精神财富，具有认识、规范、调节等功能。中华民族明德惟馨，不断追求崇高精神境界，能为中华民族伟大复兴的中国梦实现凝聚有利道德支撑和强大精神力量。没有良好的道德品质和思想修养，即使有丰富的知识、高深的学问，也难成大器。

学校立身之本在于立德树人。人无德不立，育人的根本在于立德。这是人才培养的辩证法。办学就要尊重这个规律，否则就办不好学。学校要把立德树人内化到大学建设和管理各领域、各方面、各环节，做到以树人为核心，以立德为根本。基础教育是立德树人的事业，要旗帜鲜明加强思想政治教育、品德教育，加强社会主义核心价值观教育，引导学生自尊自信自立自强；要把立德树人融入思想道德教育、文化知识教育、社会实践教育各环节，贯穿基础教育、职业教育、高等教育各领域；学科体系、教学体系、教材体系、管理体系要围绕这个目标来设计；教师要围绕这个目标来教，学生要围绕这个目标来学。凡是不利于实现这个目标的做法都要坚决改过来。

人才培养需遵循立德树人根本规律。习近平总书记非常关心少年儿童成长，要求把下一代教育好、培养好。帮助青少年扣好人生的第一粒扣子。青年的价值取向决定未来整个社会的价值取向，而青年又处在价值观形成和确立的时期，抓好这一时期的价值观养成十分重要。这就像穿衣服扣扣子一样，如果第一粒扣子扣错了，剩余的扣子都会扣错。人生的扣子从一开始就要扣好。中华民族伟大复兴的中国梦终将在一代代青年的接力奋斗中变为现实。为了中华民族的今天和明天，我们要教育引导广大少年儿童树立远大志向、培育美好心灵，让少年儿童成长得更好。

加强社会主义核心价值观教育。如果一个民族、一个国家没有共同的核心价值观，莫衷一是，行无所依，那这个民族、这个国家就无法前进。社会主义核心价值观是当代中国精神的集中体现，凝结着全体人民共同的价值追求。因此，要以培养担当民族复兴大任的时代新人为着眼点，强化教育引导、实践养成、制度保障，发挥社会主义核心价值观对国民教育、精神文明创建、精神文化产品创作生产传播的引领作用,把社会主义核心价值观融入社会发展各方面,转化为人们的情感认同和行为习惯;坚持全民行动、干部带头,从家庭做起,从娃娃抓起。要在加强品德修养上下功夫,教育引导学生培育和践行社会主义核心价值观,踏踏实实修好品德,成为有大爱大德大情怀的人。

加强中华优秀传统文化教育。文化是一个国家、一个民族的灵魂。文化自信是一个国家、一个民族发展中最基本、最深沉、最持久的力量。在历史长河中,中华民族形成了伟大民族精神和优秀传统文化,这是中华民族生生不息、长盛不衰的文化基因,也是实现中华民族伟大复兴的精神力量,要结合新的实际发扬光大。中华优秀传统文化是中华民族的精神命脉。因此,要努力从中华民族世世代代形成和积累的优秀传统文化中汲取营养和智慧,延续文化基因,萃取思想精华,展现精神魅力;要以时代精神激活中华优秀传统文化的生命力,推进中华优秀传统文化创造性转化和创新性发展,把传承和弘扬中华优秀传统文化同培育和践行社会主义核心价值观统一起来,引导人民树立和坚持正确的历史观、民族观、国家观、文化观,不断增强中华民族的归属感、认同感、尊严感、荣誉感。

培养全面发展的社会主义建设者和接班人。落实立德树人根本任务,应加强和改进学校体育美育,广泛开展劳动教育,发展素质教育,推进教育公平,促进学生德智体美劳全面发展。建立协调各方的共同育人观。学校、家庭、社会必须要对"教育要培养什么样的人,怎样培养人"达成共识，形成教育合力，要坚持把立德树人作为中心环节，把思想政治工作贯穿教育教学全过程，实现全程育人、全方位育人，努力开创我国高等教育事业发展新局面。基础教育是全社会的事业，需要学校、家庭、社会密切配合。立德树人是整个教育的根本任务，包含在德育、智育、体育、美育和劳育之中，包含在各门课程之中，包含在课内课外活动之中。因此，要加强学校教育、家庭教育、社会教育的有机结合，构建各级党政机关、社会团体、企事业单位及街道、社区、镇村、家庭共同育人的格局；要全面贯彻党的教育方针，落实立德树人根本任务，加强对线上线下校外培训机构的规范管理。

树立育人为本的教师职业观。教师是立教之本、兴教之源，承担着让每个孩子健康成长、办好人民满意教育的重任。全国广大教师要牢固树立中国特色社会主义理想信念，带头践行社会主义核心价值观，自觉增强立德树人、教书育人的荣誉感和责任感，学为人师，行为世范，做学生健康成长的指导者和引路人；牢固树立终身学习理念，加强学习，拓宽视野，更新知识，不断提高业务能力和教育教学质量，努力成为业务精湛、学生喜爱的高素质教师；牢固树立改革创新意识，踊跃投身教育创新实践，为发展具有中国特色、世界水平的现代教育作出贡献。选择当老师就选择了责任，就要尽到教书育人、立德树人的责任，并把这种责任体现到平凡、普通、细微的教学管理之中。另外，思政课是落实立德树人根本任务的关键课程，思政课作用不可替代，思政课教师队伍责任重大。

建立育人为本的教育评价观。要深化教育体制改革，健全立德树人落实机制，扭转不科学的教育评价导向，坚决克服唯分数、唯升学、唯文凭、唯论文、唯帽子的顽瘴痼疾，从根本上解决教育评价指挥棒问题。《国家中长期教育改革和发展规划纲要（2010—2020）》强调，要把推进教育事业科学发展作为各级党委和政府政绩考核的重要内容，完善考核机制和问责制度；要把立德树人的成效作为检验学校一切工作的根本标准，真正做到以文化人、以德育人，不断提高学生思想水平、政治觉悟、道德品质、文化素养，做到明大德、守公德、严私德。

要把培育和践行社会主义核心价值观融入国民教育体系。社会主义核心价值观是当代中国精神的集中体现，要发挥教育在培育和践行社会主义核心价值观方面的基础作用，帮助青少年扣好人生的第一粒扣子，广大师生要做社会主义核心价值观的坚定信仰者、积极传播者和模范践行者，形成培育和践行社会主义核心价值观的社会氛围。

要培养德智体美劳全面发展的社会主义建设者和接班人。我们的教育必须把培养社会主义建设者和接班人作为根本目标，广大青年要努力在实现中国梦的生动实践中放飞青春梦想！

立德树人关乎党的事业后继有人，关乎国家前途命运。立德树人是中国特色社会主义教育事业的根本任务，学校办学要始终牢记为党育人的初心，坚定为国育才的立场，以树人为核心、以立德为根本，培育和践行社会主义核心价值观，努力培养担当民族复兴大任的时代新人，培养德智体美劳全面发展的社会主义建设者和接班人。

三、培养合格建设者和接班人

培育践行社会主义核心价值观是凝魂聚气、强基固本的基础工程，教育在培育践行社会主义核心价值观中具有基础性作用。坚持把立德树人作为根本任务、培养德智体美劳全面发展的社会主义建设者和接班人，是习近平总书记关于教育重要论述科学内涵中的核心要义。我国是中国共产党领导的社会主义国家，这就从根本上决定了我们的教育必须坚持立德树人，培养一代又一代德智体美劳全面发展的社会主义建设者和接班人。

"才者，德之资也；德者，才之帅也。"人才培养是育人和育才相统一的过程，而育人是本。人无德不立，育人的根本在于立德，这个德既有个人品德，也有社会公德，更有报效祖国和服务人民的大德。德"立"住了，人才能"树"起来，才能真正成为对国家、社会有用的人才。对于我们党和国家来说，教育要培养社会主义建设者和接班人。我们培养的人，必须树立共产主义远大理想和中国特色社会主义共同理想，这就是我们要立的"德"。立德树人，关系党的事业后继有人，关系国家前途命运，不管什么时候，我们为党育人的初心不能忘，为国育才的立场不能改。

社会主义核心价值观是当代中国精神的集中体现，是立国之基、民族之魂。人无德不立。社会主义核心价值观也是个人的德，是社会的德，是学校人才培养的立身之本。立德树人关系党的事业后继有人，关系国家前途命运，必须把立德树人成效作为检验学校一切工作的根本标准，要以培养担当民族复兴大任的时代新人为着眼点，强化教育引导、实践养成、制度保障，发挥社会主义核心价值观对国民教育、精神文明创建、精神文化产品创作生产传播的统领作用，把社会主义核心价值观融入社会发展各方面，转化为人们的情感认同和行为习惯。党的二十大报告强调，广泛践行社会主义核心价值观，深入开展社会主义核心价值观宣传教育，深化爱国主义、集体主义、社会主义教育，着力培养担当民族复兴大任的时代新人。

学习贯彻习近平总书记关于教育的重要论述，落实立德树人根本任务，必然要求把社会主义核心价值观教育全面融入教学体系。因此，一要全面融入课程建设，二要全面融入教学运行和模式创新。

全面建设社会主义现代化强国、实现中华民族伟大复兴，归根到底需要大批德才兼备的时代新人。青少年阶段是人生的"拔节孕穗期""灌浆期"，这一时期知识体系搭建尚未完成、价值观塑造尚未成型、情感心理尚未成熟，加之现在的青少年长期生活在和平环境之下，没有体验过民族生死存亡的苦难，没有经历过血与火的考验，人生阅历相对有限。在市场经济和对外开放条件下，消费主义、拜金主义、功利主义等负面因素的影响不可低估。如果不加以正确引导和长期教育，青少年就难以树立正确理想信念，甚至可能走偏。因此，必须把立德树人作为根本任务，着力教育引导广大青少年牢固树立马克思主义信仰、中国特色社会主义信念、实现中华民族伟大复兴中国梦的信心，更好地肩负起民族复兴的时代重任。

教育是国之大计、党之大计，必须始终坚持社会主义办学方向，坚持把立德树人作为根本任务,加快推进教育现代化,建设教育强国,办好人民满意的教育;要把师德师风作为评价教师队伍素质的第一标准,培养有理想信念、有道德情操、有扎实学识、有仁爱之心的好老师,更好担当起学生健康成长指导者和引路人的责任。深化教育改革创新,加强和改进学校思想政治教育工作,把立德树人的成效作为检验学校一切工作的根本标准,建立全员、全过程、全方位育人体制机制。坚持为党育人、为国育才,引导青少年把爱国情、强国志、报国行融入坚持和发展中国特色社会主义事业的奋斗之中,在实现中华民族伟大复兴中国梦的生动实践中放飞青春梦想,书写人生华章。

四、案例剖析

中国祥瑞

祥瑞,即吉祥、祥和。

古人云,所谓"吉者,福善之事;祥者,嘉庆之征。"《说文》中也有"吉,善也""祥,福也"的说法。所以,祥瑞就是人们为了寄托顺心如意、美满愿望而创造出来的一种文化符号。

祥瑞文化的产生是全人类都存在的一个普遍现象,由于各民族传统习俗、文化背景的不同,祥瑞文化有了诸多不同的表现形式和内涵。在中国,祥瑞符号、图案无所不在、无人不用。

祥瑞之于中国人而言,就像水之于鱼,天空之于鸟,空气之于人。所以，了解祥瑞文化是进一步了解中国文化的一个重要方式和内容。祥瑞文化可以作多种分类，比如物体祥瑞、行为祥瑞、语言祥瑞、数字祥瑞、天文祥瑞、时令祥瑞等。

本系列"朝话"课程，作者结合小学生年龄和认知特点，选用了比较有代表性的八种祥瑞内容进行设计，意在通过对祥瑞文化本身的解读以及龙、凤、麟、龟等中国祥瑞文化符号的介绍，帮助学生了解中国祥瑞的文化内涵，感受中华文化的博大精深。

课时设计

序号	微课课题	序号	微课课题
1	中国祥瑞	5	中国祥瑞·龟
2	中国祥瑞·龙	6	中国祥瑞·鹤
3	中国祥瑞·凤	7	中国祥瑞·灵芝
4	中国祥瑞·麒麟	8	中国祥瑞·葫芦

系列微课

（一）中国祥瑞

同学们早上好！今天的朝话，由我来跟大家交流中华传统文化的内容——中国祥瑞。

祥瑞（xiáng ruì）又称"福瑞"，就是吉祥的征兆。同学们熟悉的《西游记》故事"猴王出世"之前就"天降祥瑞"。

祥瑞文化是中国独特的传统文化，历史悠久，流传广泛。它象征喜庆、祝福，也是一种期盼和信仰，代表着一代又一代中国人的美好愿望和梦想。

比如，把马、蜜蜂、猴子组合在一起，寓意"马上封侯（猴）"——即刻就要受封爵位，做大官了。对于想职务升迁的人来说，是个绝好的兆头。再比如，把喜鹊、梅花组合在一起，寓意"喜上眉（梅）梢"——喜悦的心情从眉眼上就表现出来了，可见多么开心。把玉如意插在花瓶里，想想这是什么寓意呢？你一定猜出来了，就是"平（瓶）安如意"。

祥瑞文化是东方文化的一种独特景观和精神财富。几千年来，它已经逐渐渗透影响到政治、经济、宗教、文学等各个方面，并广泛应用在建筑、家具、服饰、器皿等各个领域，散发着独特的魅力。

科技迅猛发展的现代社会，我们依然还在继续享用祥瑞文化：在古老的神话故事里，住在月亮上的仙女叫嫦娥，陪伴在她身边的是一只可爱的玉兔。我们学习过科学知识都知道，现实中月球上根本没有嫦娥玉兔，只有荒凉和尘埃。中国的绕月探测工程被命名为"嫦娥"，2013年"嫦娥三号"的月球车得名"玉兔"，成功着陆月球。如今，我们可以正大光明地说"月亮上真的有嫦娥和玉兔"！现代科技把数千年中国人幻想的神话世界变成现实。

2015年我国发射的暗物质粒子探测卫星取名为"悟空"。我们都知道齐天大圣有一对火眼金睛，人们就是希望探测卫星"悟空"，能在茫茫太空中准确监测到暗物质。我们的飞船叫"神舟"；我们的气象卫星叫"风云"；我们的全球定位卫星系统叫"北斗"；我们的全球低轨卫星系统叫"鸿雁"；我们的太阳监测卫星计划叫"夸父计划"；我们的运载火箭不变的名字叫"长征"……

中国祥瑞的命名无须解释，在中华传统文化中长大的我们，一听就懂。这是深植于血脉里的文化烙印！这样的命名数不胜数，大家课下可以和老师同学一起交流。厚重的古典文化在现代社会中焕发着勃勃生机。还原祖先的梦想，让传说的祥瑞变成现实，让世界亲眼见证中国奇迹……

今天的朝话"中国祥瑞"就讲到这里，同学们，再见！

（二）中国祥瑞·龙

同学们早上好！今天的朝话，由我继续跟大家交流中华传统文化的内容——中国祥瑞·龙。

"龙"是中国古代神话传说中生活在海里的一种神异的动物，专门掌管行云布雨，是风和雨的主宰。龙在中国人心目中：威力无比，变幻万千，无所不能。所以，龙被人们视为天地间最大的吉祥物，位居中国祥瑞之首。传说，龙的形象是由九种动物组合而成：龙的角似鹿，头似驼，眼似兔，颈似蛇，腹似蜃，鳞似鱼，爪似鹰，掌似虎，耳似牛。

龙的文化源远流长，早在五六千年前，先人们就雕刻出各种"C"形玉龙作为礼器，拜祭天地山川。到了商周时期，龙的形象经常出现在各种精美的青铜器和玉器中。再后来，龙成为帝王的象征，历代皇帝都自称为"真龙天子"，皇帝穿的衣服叫龙袍、皇帝坐的椅子叫龙椅、皇帝睡的床叫龙床。

龙的形象也逐渐深入到社会的各个角落：建筑里的雕龙、装饰中的龙纹、元宵节舞龙灯、二月二龙抬头吃龙须面、端午节赛龙舟等等。

人们也会用带有"龙"字的成语来形容生活中的美好事物，比如：做父母的希望自己的子女能在学业和事业上有成就，就叫望子成龙。形容活泼矫健，富有生气，就叫生龙活虎。形容来往车马很多、连续不断的热闹情景，车像流水马像游龙，就叫车水马龙。比喻写文章或讲话时，在关键处用几句话使内容更加生动有力，就叫画龙点睛。带"龙"字的成语你还知道哪些？课下跟老师同学一起交流交流吧！

"古老的东方有一条龙，它的名字就叫中国。古老的东方有一群人，他们全都是龙的传人。"龙是中国的象征、中华民族的象征、中国文化的象征，当奥运健儿夺冠，神舟号飞船升空，丝绸之路再次打通……作为"龙的子孙""龙的传人"，我们有太多太多的兴奋和感动在心中。

龙是我们中华民族勤劳智慧与勇敢的象征，更是中华民族生生不息、辉煌雄壮的民族灵魂。新时代，中华巨龙正朝着民族复兴之路腾飞！迈进！

今天的朝话"中国祥瑞·龙"就讲到这里，同学们，再见！

（三）中国祥瑞·凤

同学们早上好！今天的朝话，由我继续跟大家交流中华传统文化的内容——中国祥瑞·凤。

凤又称凤凰，是中国神话传说中的百鸟之王，素有"百鸟朝凤"之说。在一些传说中，凤凰也被认为是一种总称，雄的叫凤，雌的叫凰，但在民间，人们还是习惯将凤凰视为一种神鸟，不分雌雄。古人认为时逢太平盛世，便有凤凰飞来。所以，凤是人们心目中的瑞鸟，天下太平的象征。

在现实的自然界中是没有凤凰这种鸟的，《山海经》里说凤凰的形象是：鸡头、蛇颈、燕颔、龟背、鱼尾、五彩颜色。

凤的形象经常与龙一起出现，龙凤呈祥是最具中国特色的图腾。中国古代，龙是皇帝的象征，凤是皇后的象征，后来凤逐渐指高贵的女子。再后来，凤成为一种普遍的装饰图案：雕有凤凰的大游船叫凤舸，由金玉制成的凤凰形装饰的帽子叫凤冠。

凤凰是吉祥如意和美德的象征，古代用"凤"比喻有圣德的人，大教育家、思想家孔子就被誉为"凤"。人们也常常用带有"凤"字的成语来形容生活中的美好事物，比如：凤歌鸾舞，比喻美妙的歌舞；龙飞凤舞，形容书法笔势有力，灵活舒展；龙肝凤髓，比喻极难得的珍贵食品；龙眉凤目，形容人英俊，气度不凡。

　　传说凤凰都是落在梧桐树上，所以，凤凰飞落梧桐树代表吉祥。人们常把凤凰和梧桐联系起来，说种好了梧桐，凤凰就会在这里安家落户，就有了谚语"栽得梧桐树，引来金凤凰"。带"凤"字的成语或者谚语你还知道哪些？课下跟老师同学一起交流交流吧！

　　现代社会，凤的形象应用更加广泛，形象更加多彩，内涵更加丰富。2008年北京奥运会火炬接力标志的设计灵感就源于"火凤凰"的概念，象征通过火炬接力把北京奥运会吉祥美好的祝福传遍全中国，带给全世界。

　　如果说，龙代表中华民族刚毅进取、万难不屈的一面；那么，凤则代表中华民族仁慈宽厚、智慧灵动的一面。龙凤文化相对互补、和谐统一，深化出中华文化的大千世界。可以说，在龙凤身上，寄予了中华民族自帝王将相到市井百姓全部的人生理想。龙与凤像两面鲜亮的旗帜，高扬在中华民族漫长的艰难奋进的历史征途上。

　　今天的朝话"中国祥瑞·凤"就讲到这里，同学们，再见！

（四）中国祥瑞·麒麟

　　同学们早上好！今天的朝话，由我继续跟大家交流中华传统文化的内容——中国祥瑞·麒麟。

　　"麒麟"是中国民间传说中的一种神兽，麒麟与龙、凤、龟并称"四灵"，麒麟位居"四灵"之首，是太平、吉祥的象征。古人认为，麒麟出没处，必有祥瑞。

麒麟的样子在故事传说中不断发生变化，人们普遍认为麒麟是：狮头、鹿角、虎眼、麋身、龙鳞、牛尾。麒麟只有一只角，而且这只独角还是"肉质"的，说明麒麟的角不用来进攻，只是用来防御的。"肉质独角"彰显了与人类的和谐相处。

麒麟喻太平、长寿，因其深厚的文化内涵，在中国传统民俗礼仪中，被制成各种饰物和摆件用于佩戴和安置家中，有祈福和安佑的用意。

古人用麒麟比喻才能杰出的人，比如说小孩聪明伶俐就叫"麒麟儿"，对英雄、才子进行赞美就称之为"麒麟种""麒麟雏""麒麟手"。珍藏国家贵重典籍的楼阁叫麒麟阁，把人才荟萃的秘书省称为麟台。民间常在新婚人家布置"麒麟送子图"，画一个小孩手持莲花，骑在麒麟背上，寓意连生贵子。

小孩佩戴的长命锁用金或银打成麒麟状以求吉利。

清代武官的官服绣有麒麟作徽饰，代表正一品的官位。

在贵妇人裙子上绣上"百兽拜麒麟"图样，以表达良好祝愿。

麒麟文化的不断发展、丰富，其内涵已由最初的"吉祥""和平""仁爱""仁兽""瑞兽"，外展为美好、勇敢、避邪、镇魔、赐福、送子、才华、颖异、健康长寿、婚姻美好等内容。在麒麟身上寄托了中华民族对美好生活的向往和追求。

麒麟是一种官民同尊属于全民族的吉祥物。麒麟文化与中华民族和平崛起的战略思想一脉相承，它是中华民族吉祥和谐的形象大使，在中华民族实现伟大复兴与和平崛起的进程当中非常具有现实意义。麒麟集中了中国人的想象力和创造力，承载了几千年来人们的祈福与愿望。

麒麟是中华民族吉祥和谐的形象大使，麒麟的传说历史久远，表现形式十分丰富，麒麟经常用在陶瓷、年画、剪纸、泥塑、刺绣、建筑、绘画、服饰上。麒麟在古建筑门市上经常被作为一种用来驱除邪恶的门神卫士。

以麒麟为主题的文化艺术在民间流传，并深深影响着我们的生活，它代表着吉祥的寓意，满足人们祈望平安幸福的生存心理。人们把祈福与趋利的希望寄托在麒麟身上，希望保佑自己带来好运，消除不祥。因此，麒麟文化是我们不可或缺的精神财富。

今天的朝话"中国祥瑞·麒麟"就讲到这里，同学们，再见！

（五）中国祥瑞·龟

同学们早上好！今天的朝话，由我继续跟大家交流中华传统文化的内容——中国祥瑞·龟。

龟是一种古老的动物，它的出现比人类的出现早了约二亿二千多万年。龟一直是人们心中的祥瑞之物，与龙、凤、麒麟统

称"四灵"。"四灵"之中,其他"三灵"的形象都是虚构出来的,只有龟是真实存在的动物。(视频)

龟的寿命很长,所以人们认为龟能了解世间万物,能占卜未来吉凶。中国商朝晚期有一种官位叫"龟人",在祭祀或者有重大决定的时候,人们就在龟人的指导下烧龟甲,根据龟甲上的裂纹来判断吉凶或做出决定。人们把占卜的内容刻在龟甲上记录下来,就形成了我国最早的文字——甲骨文。

龟一直被作为长寿的象征,成语"龟年鹤寿""龟鹤遐龄"都是形容长寿的。民间有"千年王八万年龟"的传说。在我国闽南地区,人在六十岁生日的时候,要做一次龟寿,寓意与龟同寿。中原及长江下游地区,人们为了祈求孩子健康长命,在孩子的后脑勺留一绺长发,像是龟的尾巴,俗称"乌龟梢",又叫"百岁毛"。

关于龟的常用俗语也不少:比如,乌龟抬轿子——硬顶硬扛(比喻态度生硬,顶撞,对抗);再比如,乌龟掀掉大石板——全身都轻松(比喻解除压力轻松了)。

有关龟的成语或者俗语,你还知道哪些?课下跟老师同学交流交流吧!

由于龟的甲壳坚硬耐冲击,因此又是坚固的象征,就有了抵御外敌、常胜不败的寓意。古代处于军事要地的城池有的就修建成龟形以求稳固,比如山西平遥古城就是按照龟形修建的,被称为"龟城"。

在古代，龟是国家宝物，龟贝还曾经作为货币流通。将军的大旗上大都绣有龟类的形象，以示先知先行。汉代五品以上文武百官赐以龟纽印章，因为金龟是高官的官印，所以女子的丈夫位居高官，就称之为金龟婿。凡神灵圣贤、忠臣良将死后立碑铭记的，都要塑龟形碑座，以示万古流芳。

在古老的中华大地上，以龟为地名水名山名的，为数众多。全国现在名为龟山的有24座。凡命名为龟山龟水的，均被当地人所崇拜。你还知道哪些以龟命名的地名？

中华民族对龟的崇拜源远流长，龟文化已经渗透到天文、地理、政治、军事、风土民情，龟被赋予了多种象征含义。随着历史的发展，龟文化的内涵已经上升到人的精神领域，形成了一种文化。这种文化也是中国传统文化的一个组成部分，并也会和龟的寿命一样，将流传千年万载。

今天的朝话"中国祥瑞·龟"就讲到这里，同学们，再见！

（六）中国祥瑞·鹤

同学们早上好！今天的朝话，由我继续跟大家交流中华传统文化的内容——中国祥瑞·鹤。

鹤是颇受人们喜爱的一种鸟类，在我国古代神话里，它被描绘成与神仙为伴，驾高僧仙道翱翔于太空、云游于四海的神鸟，故俗称"仙鹤"，屈居于凤凰之下的一种吉祥鸟。

鹤是长寿的仙禽，具有仙风道骨，被视为长寿之王，后世常以"鹤寿""鹤龄"作为祝寿之词。祝寿的时候也经常会选用鹤的图案,比如:把鹤和松柏画在一起,取名为"松鹤长春""鹤寿松龄";把鹤与龟画在一起,其吉祥意义是"龟鹤齐龄""龟鹤延年";把鹤与鹿、梧桐画在一起,表示"六合同春";等等。像这样的祥瑞图案,你还在哪里见过?

中国古代,鹤的形象被绣在官服上,作为高官的标志。明朝和清朝,一品文官绣丹顶鹤,仅次于皇家专用的龙凤的重要标识,因而人们也称鹤为"一品鸟"。

一幅鹤立在潮头岩石上的吉祥纹图,取潮水的"潮"与当朝的"朝"的谐音,喻如宰相一样"一品当朝";仙鹤在云中飞翔的纹图,象征"一品高升";日出时仙鹤飞翔的纹图,象征"指日高升"。

由于鹤的形态是长颈、竦身、顶赤、身白,给人一种清高的感觉,所以鹤被认为是有德行的禽鸟。古人多用翩翩然有君子之风的白鹤,比喻有高尚品德的人,称为"鹤鸣之士"。

中国古代,诗人也特别喜欢写鹤。杜甫抒发感伤:"北城悲笳发,鹳鹤号且翔。"崔颢写思乡:"昔人已乘黄鹤去,此地空余黄鹤楼。黄鹤一去不复返,白云千载空悠悠。"刘禹锡写秋:"晴空一鹤排云上,便引诗情到碧霄。"关于"鹤"的古诗你还知道哪些?课下跟老师同学一起交流交流吧!

鹤是中国人思想中一种崇高的动物,仙鹤给人一种美好的印记:素朴自然、优雅刚健、福瑞忠贞、美满和谐、吉祥长寿。作为人类文明的产物，中国的鹤文化横亘古今、源远流长，作为中国人推崇的真、善、美的象征，千百年来深深影响着每一个中国人。可以说，鹤已经不再是一种形象，而是一种精神，彰显的是一种民族魅力，弘扬的是一种中华文化。

今天的朝话"中国祥瑞·鹤"就讲到这里，同学们，再见！

（七）中国祥瑞·灵芝

同学们早上好！今天的朝话，由我继续跟大家交流中华传统文化的内容——中国祥瑞·灵芝。

灵芝是一种菌类，在古代的时候，人们就发现了它的药用价值，把灵芝视为"灵丹妙药"，称其为"仙草""瑞草""长生不老草"。上至帝王将相，下至黎民百姓都视灵芝为吉祥如意、神圣之物。

传说，远古时代有一位药神叫神农，为了帮助人们找到医病的良药遍尝百草。有一次，他尝草时中了毒，一头栽倒在地，他用最后一点力气，指着面前的一棵红亮亮的"仙草"，又指了指自己的嘴巴，示意人们解救他。人们急忙把这"仙草"捣烂，喂到神农嘴里，随即解毒，转危为安。这棵"仙草"就是灵芝。

还有一个妇孺皆知的神话叫《白蛇传》，其中有一段故事是这样的：蛇精白娘子与凡人许仙结为夫妻，有一次因为误服了雄黄酒，白娘子现了真身白蛇的原形，吓死了丈夫许仙，白娘子前往昆仑山盗得仙草，最终令许仙起死回生。这里的"仙草"也是灵芝。

关于灵芝的神话故事还有很多,如《泰山灵芝救母》《芝草瑶台救难》《太上老君灵芝炼仙丹》等。课下查找资料进一步了解有关灵芝的神话故事,跟老师同学交流交流吧!

灵芝的药用价值虽然不像神话传说中描述的那样神奇,但的确有延年益寿的功效。《神农本草经》《本草纲目》等中医古籍不但收录了灵芝,且明确了灵芝的功效。随着时代的发展,灵芝在治疗和保健养生方面越来越受到人们的青睐。灵芝也因为生于朽木腐壤,却能治病救人,被赋予自强不息的精神。

灵芝的形象深受人们喜爱,古人以灵芝为原型创造了一种吉祥物——如意,又名灵芝如意,象征吉庆祥和、祥瑞福祉、万事如意,流传至今。

古代的多数庙宇、皇宫等建筑上都有灵芝的图案,北京天安门城楼前华表上也有灵芝图。中国传统工笔画的云图、神像壁画、藏族唐卡画、民间日用餐具、器皿图案等,多用灵芝如意图形,装饰美化之余又含祥瑞之意。像这样的灵芝祥瑞图案,你还在哪里见过?

华夏民族自古以来就在自己辽阔的土地上繁衍生息,在与大自然长期斗争、适应、和谐相处的过程中,逐渐促进了自身及社会的进步和发展,创造了五千年的文明,也形成了源远流长、博大精深、世界独特的中华文化。伴随科学技术的发展和人类社会的进步,有着两千多年历史的"灵芝文化"又不断地增添新时代的内涵，走进了世界数亿人的生活。借助"一带一路"与"健康中国"的发展机遇，中国再次着力中医药"灵芝文化"的传承与推广，让世界更多人认识灵芝，了解灵芝。中华"灵芝文化"必将产生更广泛而深远的影响，祥瑞遍中华，造福全人类。

今天的朝话"中国祥瑞·灵芝"就讲到这里，同学们，再见！

（八）中国祥瑞·葫芦

同学们早上好！今天的朝话，由我继续跟大家交流中华传统文化的内容——中国祥瑞·葫芦。

葫芦，大家一定都很熟悉，葫芦的谐音就是"福禄"，福即福气、福星，代表生活幸福；禄即禄位、禄星，代表事业旺盛。成熟的葫芦多子，寓意子孙万代，多子多福；葫芦形似两圆球相接，寓意夫妻和睦，婚姻幸福圆满。所以，葫芦一直以来都是"福禄双全""幸福吉祥"的象征。

中华民族种植葫芦的历史可以追溯到7000多年前。有关葫芦的传说很多，如伏羲与女娲就是葫芦的化身；八仙过海中的铁拐李有个万能的葫芦，既可以装水解渴，又可以装酒解闷，还可以治病救人；寿星南极翁挂着的拐杖上方总是系着一个葫芦，寓意益寿延年，长寿安康；太上老君装仙丹的器具也是葫芦，《西游记》故事中孙悟空就在这个紫金宝葫芦上吃了不小的亏！

可以说，葫芦代表着中国人对美好生活的向往，凝结着中华优秀传统文化的精髓。关于葫芦的故事或者传说,你还知道哪些?课下跟老师同学一起交流交流吧!

葫芦与人们的生活密切相关,比如,嫩葫芦可以用来炒菜吃,葫芦壳晾干可以制成水瓢和装酒的葫芦,葫芦的须、叶、花、果均可入药,葫芦还被雕刻成各种精美的艺术品装饰生活。随着人类历史的进程,葫芦已经逐步从自然瓜果转变为一种"葫芦文化",成为中华民俗文化的重要组成部分,比如,"葫芦里卖的什么药""照葫芦画瓢"这些谚语都很脍炙人口。关于葫芦的谚语还有很多,课下查找资料去了解了解吧!

其实,不仅我国人民喜爱葫芦,"一带一路"沿线国家的人民都对葫芦与"葫芦文化"也有共同的情感基础。比如,非洲人民与我们同样有源远流长的葫芦种植历史,印度人民和蒙古人民对葫芦"多子多孙"的文化寓意与中国人民有共识,阿富汗人和中国人一样习惯用葫芦做喜庆场合用的化妆品容器和鼻烟壶,在一些阿拉伯国家、美国、日本、南美洲诸国,均可见到"葫芦文化"的踪迹。

中国与其他各国在葫芦实体、葫芦工艺造型的爱好,以及葫芦文化内涵的审美习惯等各方面均存在共识,这种以葫芦为载体的文化的"共通性"非常宝贵。所以,"葫芦文化"是连接"一带一路"沿线国家的文化纽带之一。

以葫芦等传统文化作为切入点,加强民间交流,可以为"一带一路"沿线国家之间建立互信、开展合作奠定基础。古人云:

"道生之，德畜之，物行之，势成之。"在"一带一路"倡议下，中国的"葫芦文化"将不断发扬光大，和其他中华优秀传统文化一起形成合力，增进各个国家民心相通。

今天的朝话"中国祥瑞·葫芦"就讲到这里，同学们，再见！

第二章

"朝话"课程研发：立德树人的校本实施

一、"朝话"课程的研究缘起

二、"朝话"课程的概念解读

三、"朝话"课程的内涵追求

四、案例剖析：做自己的超人

与压力友好相处

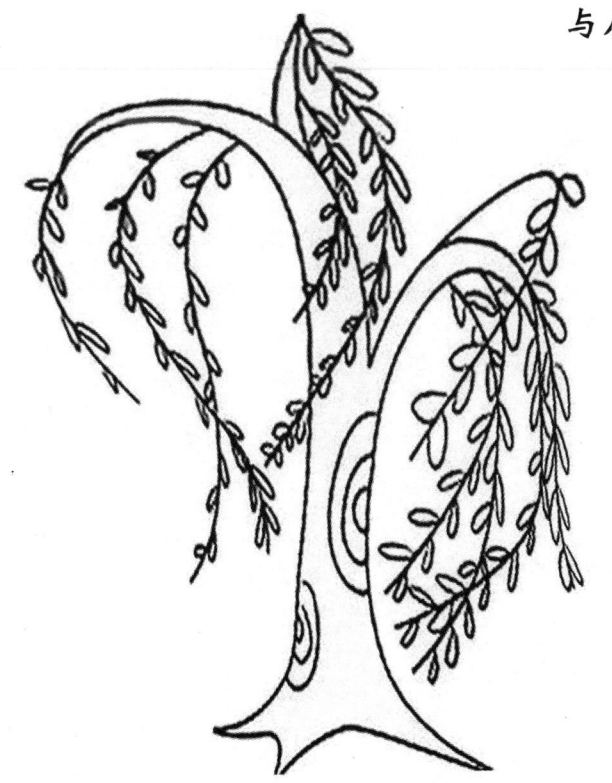

第二章 "朝话"课程研发：立德树人的校本实施

一、"朝话"课程的研究缘起

古人云："敬教劝学，建国之大本；兴贤育才，为政之先务。"教育是民族振兴、社会进步的重要基石，是功在当代、利在千秋的德政工程，对提高人民综合素质、促进人的全面发展、增强中华民族创新创造活力、实现中华民族伟大复兴具有决定性意义。

青少年是祖国的未来、民族的希望。青少年阶段是人生的"拔节孕穗期"，这一时期青少年的心智逐渐健全，思维进入最活跃状态，最需要精心引导和栽培。青少年教育最重要的是教给他们正确的思想，引导他们走正路。落实立德树人根本任务，要结合新时代的新要求，通过课程载体有效落实。

（一）创新形式的需要

我们党历来高度重视思政课建设。在革命、建设、改革各个历史时期，我们党对思政课建设都作出过重要部署。党的十八大以来，党中央先后召开全国高校思想政治工作会议、全国教育大会。针对义务教育阶段中道德与法治、语文、历史三科教材建设，习近平总书记提出要从维护国家意识形态安全、培养社会主义建设者和接班人的高度来抓好，我们要培养社会主义建设者和接班人。思想政治课要坚持在改进中加强、在创新中提高，及时更新教学内容、丰富教学手段，不断改善课堂教学状况，防止形式化、表面化。

随着信息技术的发展，微课在教育教学中应用广泛，以现代技术支持的"朝话"视频微课，通过动画、对话、故事等形式，寓教于乐，短小精悍，可以成为落实立德树人教育的有效载体。

（二）打牢根基的需要

当前形势下，办好思政课，要放在世界百年未有之大变局、党和国家事业发展全局中来看待，要从坚持和发展中国特色社会主义、建设社会主义现代化强国、实现中华民族伟大复兴的高度来对待。我们党立志于中华民族千秋伟业，必须培养一代又一代拥护中国共产党领导和我国社会主义制度、立志为中国特色社会主义事业奋斗终生的有用人才。这就要求我们把下一代教育好、培养好，从学校抓起、从学生抓起。

循序渐进、螺旋上升式开设思政课是培养一代又一代社会主义建设者和接班人的重要保障。人的成长、成熟、成才不是一蹴而就的，而是一个渐进的过程，就跟人的生理发育一样，所以要把各个阶段都铺陈好。目前，小学思政教育的研究还处于比较粗浅的阶段，尤其是思政教育方面的微课研究格外匮乏。以现代技术支持的"朝话"视频微课，围绕教育部《关于全面深化课程改革落实立德树人根本任务的意见》，针对小学生发展核心素养，进行价值定位，以培养"全面发展的人"为核心，确立人文底蕴、科学精神、学会学习、健康生活、责任担当、实践创新等研发主题。

（三）提高实效性的需要

"为学须先立志。志既立，则学问可次第着力。立志不定，终不济事。"要成为社会主义建设者和接班人，必须树立正确的世界观、人生观、价值观，把实现个人价值同党和国家前途命运紧紧联系在一起。我们伟大的祖国日益扩大开放、日益走近世界舞台中央，我国同世界的联系更趋紧密、相互影响更趋深刻，意识形态领域面临的形势和斗争也更加复杂。学校是意识形态工作的前沿阵地，办好思政课，就是要用习近平新时代中国特色社会主义思想铸魂育人，引导学生增强中国特色社会主义道路自信、理论自信、制度自信、文化自信，厚植爱国主义情怀，把爱国情、强国志、报国行自觉融入坚持和发展中国特色社会主义、建设社会主义现代化强国、实现中华民族伟大复兴的奋斗之中。

研究过程中我们也看到，思政教育的课堂效果需要提升，教学研究力度需要加大、思路需要拓展；教学内容还不够鲜活，针对性、可读性、实效性有待增强；教师培养工作还存在短板，教师的教书育人意识和能力还有待提高。所以，我们在"朝话"视频微课的研发过程中，要不断创新教学方法，增强视频微课的对话性、启发性、引导性，以此增强教育的实效性。研发过程中同时要注重对教师的培训指导，提高思想认识，提升专业水平。

（四）树立信心的需要

"欲人勿疑，必先自信。"教师本身都不信，还怎么教学生？我们应该有信心办好思政课。党中央对教育工作高度重视，对思想政治工作、意识形态工作高度重视，始终坚持马克思主义指导地位，大力推进中国特色社会主义学科体系建设，为思政课建设提供了根本保证。中华民族几千年来形成的博大精深的优秀传统文化，我们党带领人民在革命、建设、改革过程中锻造的革命文化和社会主义先进文化，都为思政课建设提供了深厚力量。

四年时间，实验教师研发了800余节视频微课，让我们更加坚信有能力把微型思政课办得越来越好。所以，我们的"朝话"课程研发要全面贯彻党的教育方针，落实立德树人的根本任务，扎根中国大地办教育，同生产劳动和社会实践相结合，努力培养担当民族复兴大任的时代新人，培养德智体美劳全面发展的社会主义建设者和接班人。

二、"朝话"课程的概念解读

我们所研究的"朝话"，是一种基于现代教育技术手段，以视频微课形式呈现的小哲理课、小思政课、小教育课。通过每天5分钟左右的"朝话"视频微课，把深刻的道理融入故事、案例、对话等学生喜闻乐见的形式当中，构建多维度、多视角的"朝话"课程内容，把立德树人融入思想道德教育、文化知识教育、社会实践教育各环节，贯穿学科体系、教学体系、教材体系、管理体系。在填补小学阶段思政课研究部分空白的同时，"朝话"课程研发也将提升教师队伍研究能力、提高校本课程研发水平。

（一）立德树人

立德，就是坚持德育为先，通过正面教育来引导人、感化人、激励人，培育青少年坚定的理想信念，坚定马克思主义信仰、共产主义远大理想、中国特色社会主义共同理想，树立实现中华民族伟大复兴的自信心，解决好世界观、人生观、价值观这个"总开关"问题。树人，就是坚持以人为本，通过适合的教育来塑造人、改变人、发展人。立德树人是教育工作的根本任务，也是教育现代化的方向与目标。

（二）"朝话"

"朝（zhāo）话"的意思是在朝会上讲的话。1931年，梁漱溟先生与梁仲华等人在山东邹平创办山东乡村建设研究院，兴起了一场轰轰烈烈的乡村建设运动。"朝话"便是这个时期梁先生每日清晨与研究部同学们的谈话辑录。本课题研究的"朝话"是一种现代"朝话"，即以一种视频微课形式呈现的小哲理课、小思政课、小教育课，着力引导学生把正确的道德认知、自觉的道德养成、积极的道德实践紧密结合起来，自觉培育和践行社会主义核心价值观。

（三）"朝话"课程

本课题所研究的"朝话"将放在学校校本课程进行操作，有课程指导纲要、课时设计、教学内容以及教学评价，课程内容按照加德纳多元智能理论进行分类，将"朝话"课程科学化、规范化、系统化。

以上核心概念的界定，明确了本课题主要研究的内容是在立德树人背景下进行小学"朝话"课程的开发与实践。

（四）相关研究

立德属于上层建筑的范畴，是一种社会意识形态。思想道德教育是一个国家治国理政的重要手段。美国的公民教育目的在于增强美国人的公民意识，培养资本主义社会的合格公民，实现资本主义的政治目标，促进社会的稳定和发展。英国的思想道德教育有三种形式：第一种形式是集会，借真实的事例引发相应的演讲，用真实的具体感人的例子来感动学生，引起共鸣；第二种形式是课堂，多数以宗教课为主，以讨论的教学方式引导学生学习做人的道理；第三种形式是慈善日，在具体的活动当中，激发学生关爱、平等等情感，把道德教育与慈善日活动结合起来，让学生行动起来。国外的思想道德教育大部分是通过有效载体进行落地实施的。

我们国家特别重视立德树人教育，学校自觉贯彻党的教育方针，落实立德树人的根本任务，在大中专院校开设思政课，小学阶段开设道德与法治课程。在小学，立德树人教育也会通过大量的国旗下讲话、少先队建设活动等载体进行落地实施。但是，针对小学生特点的校本课程建设还比较匮乏。具有现代技术支持的"朝话"课程，把社会主义核心价值观融入教育全过程，寓教于乐，是落实立德树人教育极为有效的载体。

（五）多元智能理论

人类思维和认识的方式是多元的。我们选择加德纳于1996年的研究结果，帮助"朝话"课程分类，即语言智能、数理逻辑智能、音乐智能、空间智能、身体运动智能、人际交往智能、自我认识智能、认识自然的智能。

（六）建构主义理论

知识不是通过教师传授得到，而是学习者在一定的情境即在社会文化背景下，借助其他人（包括教师和学习伙伴）的帮助，利用必要的学习资料，通过意义建构的方式而获得。因此，我们认为教师是意义建构的帮助者、促进者，以学生为中心的学习，强调学生的认知主体作用，充分发挥学生的主观能动性。让学生成为信息加工的主体、意义的主动建构者。

（七）教育传播学

教育是一种典型的文化信息传播活动，教学、学习的实质就是实现信息的流动。教育传播学研究的实质是，如何将教育信息结构化、符号化，实现教育信息的有效互动。本课题研究重视课程资源的开发与利用，通过微课形式的朝话载体将立德树人教育全面落到实处。

三、"朝话"课程的内涵追求

构建"朝话"课程体系，通过每天5分钟左右的视频微课，引领师生开启校园生活有意思和有意义的一天。"朝话"课程主题明确、短小精悍，每位教师都可以成为课程的研发者。教师在设计和制作的过程中，将不断提升对教育教学的理解，逐步向专家型教师迈进。"朝话"课程也必将助力学校课程研发能力的整体提升，促进学校内涵发展，明确学校发展内容和发展路径。

每个孩子：每日每晨观看"朝话"，通过短小精悍的视频小窗口，感受博大精深的中华文化，认识世界。

每位教师：通过构建自己的"朝话"课程，提升对课程的理解和对教育的理解，形成自己的"朝话"课程。

每所学校：以"朝话"课程为载体，深化校本课程体系，为学校注入不竭的发展动力。

联盟团队：相互学习，资源共享，共同研究，一起成长。

校长们积极带头研发"朝话"课程、录"朝话"视频，以此兴发师生共学的热情，促进师生的成长和学校的成长。联盟学校携手并进，共同营造有意义感、成就感和作品感的校园生活！

（一）研究内容

立德树人的主题设计：突出德育为先，参照多元智能理论，针对小学生的特点进行分类开发，包括中国符号、文学殿堂、学科知识、数理逻辑、艺术天地、审美游戏、运动光荣、热爱健康、文明礼仪、认识自我、控制情绪、神奇自然、了解职业等等。

系列"朝话"课程设计：包括"朝话"主题设计（即系列微课的总题目）、主题解读（含课程目标和课程内容）、课时设计、微课文字稿（包括课题、导语、内容、结语）、制作微课视频（包括时长、使用录屏软件或微课软件制作）。

"朝话"课程是以一节比较短小精悍的小视频微课的形式呈现给大家的。每天清晨我们都使用电子屏幕、班级一体机播放教师亲自设计制作的"朝话"微课。从最初的实验走到今天，"朝话"开启了校园每一个美好的一天。我们跟广州市海珠区第二实验小学教育集团进行线上的关于"朝话"研发的相关培训，联合做相关研究的不同区域的学校，大家进一步交流和沟通，取得了非常好的反响。我们通过培训指导设计制作，已经形成优化课程的一些研究的思路和方法，完成了一大批优秀的"朝话"设计作品，使研究的可行性得到广泛的实践验证。

（二）"朝话"案例介绍

传承弘扬民族智慧，激活中华优秀传统文化生命力，必须深耕文化资源沃土。"朝话"的主题设计突出德育为先，比如节气文化、民间艺术、非遗传承、中医养生、中华礼仪等，研发角度丰富，又精准对接学生的文化需求。发现文化元素，有效组合文化元素，生动讲述文化影响。

"祥瑞"是人们为了寄托美满愿望而创造出来的一种文化符号。在中国，祥瑞符号和图案无所不在，无人不用。所以，了解祥瑞文化是了解中国文化的一个很重要的方式和内容。结合小学生年龄和认知特点，我选择龙、凤、龟、鹤等祥瑞内容，设计制作了8集的"中国祥瑞"系列"朝话"。从不同侧面，全面展示了中国祥瑞的独特文化魅力。通过对具体的祥瑞符号的解读与介绍，让中华优秀传统文化"活"了起来。

四、案例剖析

做自己的超人

小学生的自我意识开始发展，但控制自己的能力差，不懂得管理自己，也缺少帮助自己的经验，由此容易产生各种"小毛病"，例如过于懒惰，做事情拖拖拉拉，为避免惩罚而撒谎，等等。如果放任不管，非常容易酿成大毛病，影响小学生的健康成长。但有时候，不适当的外力干预却引发孩子的本能排斥和反感，加剧学生的叛逆心理，并给学生的学习生活带来更不好的影响。所以，要选用恰当而又有趣的方式对学生进行干预。

我们要相信每一个孩子都是解决自己的问题的专家，我们要正视学生在成长过程的各种缺点，相信他们在成长过程中有自我矫正的能力。同时，要让学生学会在学习生活中爱自己，勇敢地面对自己的不足，改正自己的缺点，逐步形成正面的意识和习惯，从而在日常生活中管理自己，帮助自己。那么，认识不良习惯、拒绝不良行为是学生避免形成"小毛病"的起点。

本系列"朝话"课程选用小学生在自身发展过程可能会遇到的"小毛病"作为设计的对象，让小学生认识懒惰、拖拉、浪费等不良行为，了解坏习惯会带来不良后果，掌握改掉这些"小毛病"的方法，让每一位学生能够做自己的超人！

课时设计

序号	微课题目
1	赶走"懒惰"怪
2	击倒"浪费"怪
3	打败"拖拉"怪

系列微课

（一）赶走"懒惰"怪

同学们早上好！今天的"朝话"，让我们一起赶走"懒惰"这只大怪兽，做自己的超人！

受到"懒惰"这只怪兽的影响，视频中的胖哒变成了一条"大懒虫"，你们有没有变成过"大懒虫"呢？当你不想动，什么事情都不想做，自己应该做的事也不做，觉得家人会帮你做，或者为了省事随便应付……这些都是懒惰的表现。

那我们应该怎么样赶走"懒惰"这只大怪兽呢？首先，允许自己放松。如果休息不够，注意力高强度集中的学习、忙碌也会令我们受到"懒惰"怪兽的影响哦。不懒惰并不代表不能休息和放松，适度放松反而会让我们做事情更加有效率，这就是我们常说的"劳逸结合"。但也要注意过于放松，又会给"懒惰"怪兽机会影响你。

其次，学会确定时间计划和目标。有时候，我们懒惰也可能是因为没有时间观念，不懂珍惜时间，没有目标和计划。为了防止自己又被"懒惰"怪兽影响，我们可以尝试给自己的学习生活制定时间计划和目标，然后按照计划分阶段地执行，并督促自己逐步完成，"懒惰"怪兽自然就会远离我们。

最后，我们要学会自己的责任自己担。如果懒惰不用承担后果，就会给"懒惰"怪兽更多机会影响我们。比如书包里的用品自己不准备，有爸爸妈妈帮我们准备书包；自己不整理房间，有爸爸妈妈帮我们整理房间，这些依赖使我们更懒惰，也逃避了责任。所以我们需提醒自己，主动承担自己的责任，并跟爸爸妈妈商量好，如没有特殊情况，这一些属于自己的小事情他们就可以不用帮忙了。同学们，你们学会了吗？今天的"朝话"就讲到这里，同学们，再见！

（二）击倒"浪费"怪

同学们早上好！今天的"朝话"，让我们一起击倒"浪费"这只大怪兽，做自己的超人！

视频中的小熊猫和小猴子在饭桌上争强好胜，结果却中了"浪费"怪兽的诡计，他们浪费了饭碗中的粮食，却毫不在意。同学们，你们曾经也会像小熊猫和小猴子一样吗，为了多吃一些好吃的，就不断地往碗里夹，结果却造成了"浪费"。在日常生活中，我们因为太喜欢，难免产生小贪心、喜新厌旧的小毛病。如果让"浪费"大怪兽一直影响着我们，那小毛病就会变成大毛病，最终形成浪费的坏习惯。

那我们应该怎么样击倒"浪费"这只大怪兽呢？

首先，我们要正确理解"浪费"。例如，吃自助餐的时候，我们容易有"付过钱浪费无所谓"的想法，所以一看到美食就忍不住不断地拿，而不是吃多少拿多少。或者有人请吃饭，就点了很多自己喜欢的食物，觉得"再浪费也不是浪费自己的钱"。这都是我们没有正确理解"浪费",并不是花了钱,就拥有浪费的权利。

其次,我们要不断强化日常的节约观念。为了加强自己的节约观念,我们可以多看一些与节约有关的读物,或者多听听爸爸妈妈讲讲浪费的社会问题。例如,浪费地球资源和能源,破坏的是我们赖以生存的自然环境,让我们把"不能浪费"的理念变成自己的意识。

最后,我们要培养对"物"的感情。我们可以多了解食物的来历、物品的生产等;还可以让爸爸妈妈陪伴我们亲自去制作一些物品,那样我们会更加珍惜自己所拥有的物品。同学们,你们学会了吗?今天的"朝话"就讲到这里,同学们,再见!

(三)打败"拖拉"怪

同学们早上好!今天的"朝话",让我们一起打败"拖拉"这只大怪兽,做自己的超人!

视频里的杏仁儿非常贪玩,结果受到"拖拉"怪兽的影响,她为了想玩多久就玩多久,故意把时钟调慢了,她以为自己可以能拖多久就是多久。同学们,你觉得杏仁儿的拖拉真的可以让玩耍的时间变多吗?答案肯定是否定的。拖拉看起来增加了玩耍的时间,实际上减少了自己做其他事情的时间,最后导致一些重要的事情无法做完。例如,学校布置的作业在爸爸妈妈催促的时候才去做,或者拖到最后几天才做,拖到最后差点儿没时间,压力好大。

那我们应该怎么样打败"拖拉"这只大怪兽呢?

首先,我们要做到今天的事情今天做完。每天都有当天要完成的事情,所以要改掉拖拉磨蹭的习惯。我们可以给自己定下规矩:今天的事情必须今天做完,不要拖到明天。把当天的事情做完,而不是与第二天的事情积攒在一起,这样坚持下来,就会养成不拖拉的好习惯。

然后,给自己制订期限计划。有压力,才会有紧迫感;有紧迫感,就会减少拖拉磨蹭。比如某个事情一定要在什么期限完成,不完成就不能做其他事情。通过这种方法,适当给自己一些紧迫感。如果完成了自己的期限计划,也可以及时奖励自己。

最后,请爸爸妈妈提醒自己。想改变拖拉磨蹭的习惯,有时候也需要外力的监督和提醒。所以可以跟爸爸妈妈商量,请他们提醒自己,在他们的帮助下,成为一个做事不拖拉的人。

同学们,你们学会了吗?今天的"朝话"就讲到这里,同学们,再见!

与压力友好相处

心理压力经常出现在我们的生活中。如果压力在一个人能够承受的范围内,那么压力能使人进步,是受人欢迎、有益无害的;反之,压力就会使人衰弱,不受欢迎,有害无益。

伴随着社会飞速发展，小学生也会面临着巨大的压力。作为一名小学生要学会看到自己内心的压力，因为压力对我们的生理健康、情绪状态、认知能力与行为表现都有影响。当我们长期处于压力中，会导致身体疾病，包括头痛、失眠、消化不良等。如果压力超过最大限度，还会削弱我们的记忆力，造成行为混乱，甚至心力衰竭。然而，压力也有积极的一面：良性的压力可以促发我们的潜能，让我们有更好的表现。正确地对待生活中的压力，可以将压力变成前进的动力。另外，适度的压力是对记忆的良好刺激。它有利于我们更敏捷地思考，更勤奋地学习，以及增加生活情趣和提升自尊、自信。换句话说，最好的状态不是没有压力，而是能够激发心理潜力，驾驭心理压力。

本系列"朝话"课程选用小学生可能会感受到的"压力"作为设计的对象，让小学生认识到压力是什么，知道为什么会有压力，学会应对压力，让每一位学生能够自信从容地应对压力！

课时设计

序号	微课题目
1	压力是什么
2	为什么会有压力
3	如何应对压力

系列微课

（一）压力是什么

　　同学们早上好！今天的朝话，让我们一起了解压力是什么。听过"压力"这个词吗？想一想，我们平常是不是也说过"压力"？那压力到底是什么呢？简单来说，压力就是生活给了我们很多的重重的"行李"，让我们有种扛不动的感觉。只不过行李是现实中可以看到的，而压力则更多表现在心理和精神上。

　　想象一下，压力会带来怎么样的感觉呢？当我们背着书包，往包里不断加书本。随着书本越加越多，我们是不是会感到越来越沉重，甚至出现受不了的感觉？在生活中，本来可以做的事，却变成一件承受不住的事，只想尽快脱手——这就是压力给我们的感觉。

　　压力会带来哪些反应呢？在脑海中，觉得自己不太能接受，感觉有负担；在身体上，平时睡得香吃得香，现在容易睡不着、吃不好；在情绪上，平时很喜欢说笑，现在看起来有心事，闷闷不乐。你可能会发现，每次考试之前，有些小伙伴都比平常话少了很多，打闹也少了，一心都扑在学习上。我们是不是也有这样的表现和行为？是的，这就是压力对我们造成的影响。

　　压力也有很多坏处。如果有压力，很难让自己专注；如果有压力，情绪会变得不稳定；如果有压力，心里总像有个事，精神上老放不开！本来学习成绩是不错的，但这次考试太想考好了，结果不知道为什么，考试的时候很紧张，情绪很难平静下来，最后反而发挥失常了。压力会带来许多不好的情绪体验。你们体验过吗？今天的朝话就讲到这里，同学们，再见！

（二）为什么会有压力

同学们早上好！今天的朝话，让我们一起了解为什么会产生压力呢？在我们的学习生活中，所有的事情其实都可以成为压力的来源，因为所有的事情都会对我们产生刺激，这是正常的。只不过有些刺激作用大，有些刺激作用小。而不喜欢的刺激变大后，超过我们的承受力，就会产生压力。

压力的来源有哪些呢？第一，刺激过度造成的压力。比如太阳光照到我们的眼睛时，如果阳光不那么强烈，感觉好像没事；阳光稍微强烈一点儿，就会对我们的眼睛造成很大的刺激，并形成视觉上的压力。第二，怕输造成的压力。举个例子，我们去参加象棋比赛，按理说我们应该可以晋级的，但太怕输对我们造成很大的压力，第一轮就被淘汰了。第三，害怕与希望不符造成的压力。爸爸妈妈交了昂贵的舞蹈班学费，希望我们通过舞蹈考试。我们害怕让爸爸妈妈失望，因此感觉到很大的压力。第四，不擅长的事造成的压力。比如班级足球队有人受伤了，我们要顶替受伤的同学出场，可自己又不擅长踢足球，就会感觉到上场比赛的压力。

压力并不是一个无法改变的事实，相反，压力会变化。如果换个地方，压力可能会消失。有的同学在全班面前发言，会感觉压力很大，但如果对着某个同学说一样的话，就能说个不停。如果换个时间，压力也可能就不是压力了。小时候的我们觉得按时起床是压力，如果适应了小学生活，我们已经可以自觉按时起床了，不用爸妈提醒。此外，压力也因人而异。我们觉得这件事是很大的刺激，但对其他小伙伴而言，这件有压力的事情就不是个事。每个人的心理韧性都不一样，心理韧性更强的小伙伴能够应对更大的压力哦！

同学们，你们明白了吗？今天的朝话就讲到这里，同学们，再见！

（三）如何应对压力

同学们早上好！今天的朝话，让我们一起学习如何应对压力。

在学习生活中，压力是不可避免的噢。那我们怎样才能与压力友好相处呢？其实，只要我们明白其中简单的原理，就可以找到应对压力的好办法了。

仍然以"提行李"打比方。想象一下，如果行李很轻的话，我们拿一下可能不觉得有什么，但如果行李不断添加，我们终究会受不了的。另外，再轻的行李，拿久了也会变成负担。这说明什么呢？这说明压力不能累积，也不能让压力在我们身上待太久了。说到底，就是要懂得减压，只有这样，我们才能跟压力友好相处。

  首先，压力不能累积。为了加深自己的认识，可以想象这样一个场景：我们搬着很重的东西在走路，很想有一个人能来帮忙。走着走着遇到一个同学，他不但没有帮忙，还问："能不能帮我也拿一下？"这时我们肯定要拒绝，因为不能让压力过大。其次，不能让压力待太久。学习一下"如释重负"这个成语。这个成语是说，一个人挑担子挑久了，放下重担以后感觉到轻松愉快，好像压在胸口上的一块大石头没了一样。想想，石头压在胸口上，是不是压得越久就越难受？

  如果遇到有压力的事情，要主动选择沟通。我们可以主动和爸爸妈妈讲自己的压力太大了，也可以将压力写在日记里给老师看，还可以告诉好朋友。如果你遇到带给你压力的事情，你选择的是保持沉默，有可能会让自己不堪重负，让自己变得厌食、厌学，甚至自我封闭起来。当然，当你保持沉默的时候，也可能你的心理韧性发挥着作用，让你慢慢接受压力，内心也变得更加强大。

  你们学会应对压力了吗？今天的朝话就讲到这里，同学们，再见！

第三章

"朝话"设计：体现立德树人根本目标

一、"朝话"课程的综合性

二、"朝话"课程的典范性

三、"朝话"课程的兴发性

四、"朝话"课程的育人性

五、案例剖析：中华文化瑰宝

一、"朝话"课程的综合性

过去二十年,基础教育课程不仅在课程结构中设置学科类综合课程和综合实践活动课程,而且通过倡导研究性学习等学习方式的变革,增进课程的整合性实施。今天,培育学生的核心素养成为全球新一轮课程改革的基本理念和价值追求,课程综合化在新修订的课程方案中被提升至前所未有的高度予以重视。相对于以往课程整合的思路,本轮课程方案展现出课程综合化的新气象与新形态,预示着课程整合在素养时代的深化与创新。

"加强课程综合,注重关联"成为义务教育课程应遵循的基本原则。这意味着课程综合化超越传统的科目设置层面,作为课程改革的基本精神渗透于整体课程方案和各科课程标准之中。

首先,在培养目标上,强化课程综合化的必要性。新方案在培养目标上要求在"增强综合素质上下功夫"。综合素质作为个体的品质结构是由知识、能力和品格相互作用内化而成的。新近的研究超越综合素质传统概念的模糊性和内容维度的分立性,将其作为一种综合素养,界定为学生在受教育过程中形成的跨越学科的价值观、必备品格和关键能力的个性化有机融合。显然,综合素质具有跨学科性,落实这一培养目标需要以课程综合化作为课程基本追求。

其次,在科目设置上,建构课程整合的连续统一体。一方面,扩展传统课程整合的横向联结,强化各类课程的整合性:第一,除单学科外，设置道德与法治、科学、信息科技、体育与健康、艺术等综合学科；第二，除综合学科外，设置劳动、综合实践活动等综合性的活动课程；第三，在上述各类课程中强化跨学科主题学习的设置，规定其课时不少于各门课程10%的课时。另一方面，注重课程整合的纵向贯通，加强幼小初不同学段课程的衔接性，实现各学段课程整合的垂直连贯。

再次，在课程实施上，倡导整合实施与综合性教学。新方案赋予学校更大的课程整合实施空间，鼓励将劳动、综合实践活动、班团队活动以及地方课程和校本课程加以整合实施，总体课时占总课时的14%~18%。同时，改变传统的以知识点为中心的教学，扩展教学的基本载体，探索大单元教学，推进主题化、项目式学习等综合性教学活动。

最后，在课程评价上，强调健全综合评价。具体表现为：以素养为导向，开展综合素质评价；在学业质量评价中注重对价值体认与践行、知识综合运用、问题解决等学生综合性表现的考查；在考试评价中优化试题结构，增强试题的综合性等。

"朝话"课程是一门综合性、实践性的课程。它打破学科中心，实现跨界学习，涉及文史知识、诗词典故、诸子百家。"朝话"课程蕴含着丰富的教育元素。注重教育路径设计，强化教育元素与日常教学内容之间的融合，有利于夯实"铸魂"工程，筑牢"信仰、价值与精神"之基，重点培养学生的政治认同和文化认同。通过"朝话"帮助学生运用马克思主义理论分析回应教学中的现实问题和需求，引导学生形成正确的辩证思维、历史思维和实践思维，提升学生思想政治素质和能力。

"朝话"与其他课程特点相融合，用学生乐于接受的方式讲述思政课，实现"教师在不知不觉中实施教育，学生在不知不觉中深受教育"。发挥教师的积极性、主动性、创造性，"朝话"内容涉及马克思主义哲学、科学社会主义，涉及经济、政治、文化、社会、生态文明和党的建设，涉及改革发展稳定、内政外交国防、治党治国治军，涉及党史、国史、改革开放史、社会主义发展史，等等，这样的特殊性对教师综合素质要求很高。

"经师易求，人师难得。"教师承载着传播知识、传播思想、传播真理、塑造灵魂、塑造生命、塑造新人的时代重任。思政课教师，要给学生心灵埋下真善美的种子，引导学生扣好人生第一粒扣子。"朝话"作为一种小思政课、小哲理课、小教育课，要让信仰坚定、学识渊博、理论功底深厚的教师来讲，让学生真心喜爱、终身受益。

二、"朝话"课程的典范性

"朝话"课程强调内容的典范性，精选文质兼美的作品，重视对学生思想情感的熏陶感染作用，重视价值取向，突出社会主义先进文化、革命文化、中华优秀传统文化。阅读是促进学生自学和整体学习的重要途径。

"朝话"倡导典范文本的阅读，并以"范本"阅读促进"泛本"

阅读。我们精选了《诗经》《孟子》《史记》《古文观止》成语故事、四大名著、古诗词等大量典范的阅读材料，按主题呈现单篇或节选文本。通过"范本"阅读，兴起和引发学生的学习激情，进而主动开展"泛本"阅读。这里的"泛本"是指由典范文本引出的，一篇带多篇、一篇带整本甚至一篇带一类的阅读文本，提倡学生开展广泛的读、"不求甚解"的阅读，以求阅读"质"与"量"的均衡。

"朝话"的典范性体现在以下三个方面：

时代性。"朝话"充分吸收语言、文学研究新成果，关注数字时代语言生活的新发展，体现学习资源的新变化。

典型性。强调内容的典范性，精选文质兼美的作品，重视对学生思想情感的熏陶感染作用，重视价值取向，突出社会主义先进文化、革命文化、中华优秀传统文化。

整合性。注重课程内容与生活、与其他学科的联系，注重听说读写的整合，促进知识与能力、过程与方法、情感态度与价值观的整体发展。根据学生特点，合理组织与安排课程内容。

选择贴近学生思想特点的内容，从学生感兴趣的例子出发，找准学术突破口，创新教学载体，不单向灌输，不强加观点，坚持恰当、自然渗透的原则。让学生融入课堂，既紧扣时代发展又回应学生关切。将社会主义核心价值观融入"朝话"课程研究实践教学之中。

"红色朝话"由"铭记红色文化""红色文化在心中""红色文化伴我行""感知红色文化""再现红色文化"等教学模块组成，着力推进多种形式的教育创新，力求实现实践育人、体验教育、仪式教育、共享教育、美育教育的多元融合。社会主义核心价值观贯穿于"朝话"研究全程，学生观看"朝话"视频微课，自觉接受核心价值观教育，进而提升教学效果。

我们把教师的"朝话"研究搬到红色教育基地，参观红色教育基地，在实现"朝话"研究与历史现场体验结合、与社会大课堂结合方面迈出了实质性的一步。教师深刻感受到老一辈无产阶级革命家生命不息、战斗不止的革命精神和艰苦朴素、无私奉献的革命传统，极大促进了"红色朝话"研究的深度。同时增强学生对社会主义核心价值观的认同，在实现认知、认同的基础上，重在见行见效，做到核心价值观"内化于心，外化于行"。

三、"朝话"课程的兴发性

"朝话"每一讲均按照"引疑—讲授—讨论—拓展"的思路展开，倡导以兴发的方式，促进学生主动自学、善于提问，并努力体现"如切如磋、如琢如磨"的学习氛围。教师在每一讲"朝话"中，将讲授的篇幅作总体控制，不在于全盘灌输、面面俱到，而在于以点带面、相机诱导；同时注重设计课前的启发质疑、"范本"的阅读兴发、课后的问题思考讨论、拓展阅读或实践，激发学生主动学习的意志，让学生在"朝话"中培养兴趣、学会方法、获得自信。

立德树人对于整个社会的发展与进步有着难以忽视的重要影响，如何将其实践于教育过程中，是我们教育工作者需要关注的重点。要针对课程的特点，对"朝话"研发团队师资的育德意识与育德能力的提升实施培养策略。

教师"朝话"课程设计能力主要包括以下几个层面：

研究学生的能力。教师对学生进行全面的研究，不仅了解其学习习惯、兴趣、能力等，还要对学生的思想、态度和价值观等进行深度研究，以便于在"朝话"课程实施过程中做到因材施教。

设计开发能力。课程开发与教材设计能力的形成不仅需要教师个人积极摸索，在教学中不断积累经验，还需要借助思想政治教育专家、课程理论专家的帮助。

教学与管理能力。教师不仅需要营造学习氛围，激发学生的兴趣，更需要通过启发、探究、讨论等方式，有效开展"朝话"教学，引导学生思考和探究。

"朝话"课程的评价能力。要求教师能够利用评价工具，全过程评价学生的素质的发展，并引导学生进行自我评价。同时，教师还需要对教育教学效果进行评价，便于及时改进"朝话"的后续研究。

反思与发展能力。"朝话"课程在实施过程中，要不断发现问题并反思，借助反思推动课程研发水平以及教师个人的发展。

按照"四有好老师"的要求，"朝话"研发团队的教师更要具有高尚的道德情操、渊博的知识、仁爱之心和扎实的学才，不断提升自身育人能力，培育坚定的理想信念，才能引领学生成长，"为学生点亮理想的灯、照亮前行的路"。

四、"朝话"课程的育人性

中国古代有丰厚的诗教传统，注重诗文的"吟咏性情"和道德教化功能，发挥语文学科的育人功能。每一讲"朝话"都是一次与经典、与先哲的对话；每一篇文、史、哲的选文，都是培植、滋养学生健全人格的深厚土壤。"朝话"编选了较多侧重体现"仁、智、勇"三达德的文学故事、历史故事、哲学故事等，努力实现"文武双全、通情达理、劳逸结合"的育人目标，潜移默化地塑造儿童的心灵，培植儿童的人格，使得"立德树人"根本任务得到校本化的实践。

协同育人理念的终极价值在于育人为本、以德为先，旨在促进学生全面发展。在"朝话"研发过程中，只有进一步强化教学理念，把握学生需求，让"立德树人"成为每位教师的神圣使命与岗位责任，才能让"朝话"与其他课程在育人上形成协同效应，把价值引领、能力培养和知识传授贯穿于日常课堂教学之中，实现全体教师全课程、全课堂、全方位育人。

我们把"立德树人"作为研发目标的结果。办好思政课，是总书记非常关心的一件事。党和国家高度重视学校思政课，今后只能加强不能削弱，而且必须提高水平。一枝一叶传递出一个鲜明的信号——时代新人必须准确认识中国在世界新格局中的新方位，来路不忘祖、奋斗知方向。所以，我们的"朝话"研发务必突出立德树人根本任务，在加快推进教育现代化的新征程中培养担当民族复兴大任的时代新人。

"朝话"内容紧扣党和国家中心工作，优化同新发展格局相适应的教育结构、学科专业结构、人才培养结构；立足服务国家区域发展战略，优化区域教育资源配置，提升教育服务区域发展战略水平等。"十四五"时期经济社会发展的紧迫任务，正是人才培养的重点方向。

　　"朝话"研发要遵循的五个原则：坚持马克思主义基本观点教育与把握时代特征相统一；加强思想政治方向的引导与注重学生成长的特点相结合；构建以生活为基础、以学科知识为支撑的课程模块；强调课程实施的实践性和开放性；建立促进发展的课程评价机制。

　　有的教师担心，研发"朝话"会冲淡学习，也会影响教师的教育教学。这种顾虑有一定道理。因为如果不能将"朝话"内容有机融合到专业课教学中，有可能出现生拉硬扯、两张皮现象。同时，研发过程一定需要占用教师一部分时间和精力。但是，如果做到"基因式"融合，那么就会形成"朝话"与"专业"相长的良好局面。教师的专业素养不但不会受到影响，反而会有极大地促进和提升。"'朝话'就像一把'盐'，融进专业教育的'汤'，'汤'在变得更可口的同时，也能真正让学生获益，达到育人之功效。"

五、案例剖析

中华文化瑰宝

　　中国绘画艺术历史悠久，源远流长，具有鲜明的民族风格和卓越的成就，在世界美术之林独树一帜，也是中华文明的重要组成部分。中国十大传世名画是中国美术史的丰碑、华夏文明的杰作，是流动的历史、无声的乐章。它们承载着古老东方民族独特的艺术特质，用色彩记录中华绵延五千年的悠久历史和横亘万里的锦绣河山，是中华文化瑰宝。

中国十大传世名画有《洛神赋图》《千里江山图》《清明上河图》《富春山居图》《汉宫春晓图》《百骏图》《步辇图》《唐宫仕女图》《五牛图》《韩熙载夜宴图》。

中国十大传世名画至清乾嘉时期，陆续收入内府，遂与世隔绝。随后历经战火纷繁，流散四海，大量的名家传世佳作历尽沧桑保留到今日，如今皆为各大博物馆镇馆之宝，是中华民族乃至全世界、全人类的宝贵文化遗产。

中国十大传世名画都具有引首、题跋、历代名家题记、收藏玺印等浓厚的文化痕迹，向世人展示中国艺术瑰宝的真正魅力。

课时设计

序号	微课主题
1	中华文化瑰宝之《洛神赋图》
2	中华文化瑰宝之《千里江山图》
3	中华文化瑰宝之《清明上河图》

系列微课

（一）中华文化瑰宝之《洛神赋图》

同学们早上好！今天的朝话，由我来给大家介绍一下中华文化瑰宝——《洛神赋图》。

《洛神赋图》是由东晋著名画家顾恺之绘制，现藏于北京故宫博物院馆。

据传顾恺之读曹植的《洛神赋》后大为感动，一挥而成《洛神赋图》。此卷一出，无人再敢绘此图，为顾恺之传世精品，是千百年来最具影响力的名画。

《洛神赋图》全卷分为三个部分，层次分明地描绘了曹植和洛神之间曲折而真挚的爱情。时隔千载，仍可在笔墨之间窥探其情。

第一部分是曹植与洛神的初见。时值曹植率众随从由京城返回封地，于洛水之滨休息。风姿卓绝的洛神翩跹而来，曹植被其绝世美丽深深吸引。二人以礼相待，情意缠绵。

第二部分描绘了人神殊途，洛神与曹植不得不分离的场景。曹植立于岸边，看着洛神离去，眼含悲伤与无奈。

第三部分，洛神离去后，曹植思念深切，驱车赶往封地，他仍不断回头张望，深切地表达了不舍。

全卷的三个部分，人物安排疏密得宜，在不同的时空中自然地交替、重叠、交换，而在山川景物描绘上，无不展现一种空间美。此图卷从内容、艺术结构、人物造型、环境描绘以及笔墨表现的形式来看,都不愧为中国古典绘画中的瑰宝之一。今天的朝话就讲到这里,同学们,再见!

(二)中华文化瑰宝之《千里江山图》

同学们早上好!今天的朝话,由我来给大家介绍一下中华文化瑰宝——《千里江山图》。

《千里江山图》,作者王希孟,中国北宋青绿山水画作品,现藏于北京故宫博物院。王希孟18岁时为北宋画院的学生,得到宋徽宗赵佶亲自传授画技,半年后即创作了《千里江山图》。惜年寿不永,是一位天才而又不幸早亡的优秀青年画师。

画家在构图上充分利用传统的长卷形式所具有的多点透视之特点,在十余米的巨幅长卷中将景物大致分为六部分,每部分均以山体为主要表现对象,各部分之间或以长桥相连,或以流水沟通,使各段山水既相对独立,又相互关联,巧妙地连成一体,达到了步移景异的艺术效果。高远、深远、平远多种构图方式的穿插使用更使画面跌宕起伏,富有强烈的韵律感,引人入胜。

《千里江山图》卷在设色和用笔上继承了传统的"青绿法",即以石青、石绿等矿物质为主要颜料,具有一定的装饰性,被称为"青绿山水"。此种表现方法是我国山水画技法中发展较早的一种,在隋唐时期如展子虔、李思训、李昭道等许多画家均擅长青绿山水画。纵观宋代画坛,虽然也有一些画家用此法创作，但从目前存世作品看，尚无一件可以超越《千里江山图》卷。元代著名书法家溥光对此卷推崇备至，在卷后题跋中赞道："在古今丹青小景中，自可独步千载，殆众星之孤月耳。"此论可谓公允之见。

从此卷所描绘的景物看，系以南方清丽秀润的山水为主体，在部分山峦的表现上加进了一些北方山水的特征，可谓集南北山水于一体的精心之作。画家对江南地区有着较为深刻的了解，其艺术创作当来源于生活，而王希孟于18岁时即创作出如此宏幅巨制，不可能没有深厚的生活积累，由此笔者推测，画家王希孟应是江南人，至于具体籍贯便无从知晓了。今天的朝话就讲到这里，同学们，再见！

（三）中华文化瑰宝之《清明上河图》

同学们早上好！今天的朝话，由我来给大家介绍一下中华文化瑰宝——《清明上河图》。

《清明上河图》，作者张择端，中国北宋风俗画作品，现藏于北京故宫博物院。《清明上河图》是中国绘画史上最著名的作品之一，不但艺术水平高超，而且围绕着它还流传下来许多有趣的故事。这幅画描绘的是汴京（今河南开封）清明时节的繁荣景象，是汴京当年繁荣的见证，也是北宋城市经济情况的写照。全画可分为三段：

首段写汴京郊外清新秀丽的春日景色，茅檐低伏，阡陌纵横，其间人物往来。中段为汴河码头的繁忙景象，人烟稠密，以"上土桥"为中心，另画汴河及两岸风光。

后段描写的是市区街道，城内商店鳞次栉比，大店门首还扎结着彩楼欢门，小店铺只是一个敞棚。此外还有公廨寺观等。街上行人摩肩接踵，车马轿驼络绎不绝。行人中有绅士、官吏、仆役、贩夫、走卒、车轿夫、作坊工人、说书艺人、理发匠、医生、看相算命者、贵家妇女、行脚僧人、顽皮儿童，甚至还有乞丐。车辆有串车、太平车、平头车等诸种，再现了汴京城街市的繁荣景象。高大的城门楼名东角子门，位于汴京内城东南。

全卷画面内容丰富生动，集中概括地再现了12世纪北宋全盛时期都城汴京的生活面貌。

此画用笔兼工带写，设色淡雅，构图采用鸟瞰式全景法，真实而又集中概括地描绘了当时汴京东南城角这一典型的区域。画中所摄取的景物，大至寂静的原野，浩瀚的河流，高耸的城楼；小到舟车里的人物，摊贩上的陈设货物，市招上的文字，丝毫不失。在多达500余人物的画面中，穿插着各种情节，组织得有条不紊，同时又具有情趣。通过这幅画，我们了解了北宋的城市面貌和当时各阶层人民的生活，它具有很高的历史价值和艺术水平。今天的朝话就讲到这里，同学们，再见！

第四章

"朝话"的视频制作:站在小学生的视角欣赏

一、从文字到画面

二、从文字到声音

三、视频剪辑技巧

四、案例剖析:时光里的玩具

    中国古都

一、从文字到画面

研发"朝话"的第一步就是确定主题,第二步设计文字稿,第三步制作视频微课。那么,我们先来看看第一步,确定"朝话"主题。主题设计一定要突出德育为先,指向立德树人。我们要针对小学生的特点确定主题,如中国符号、传统文化、数学王国、艺术世界、文学殿堂、饮食天下、神奇自然、生涯规划、控制情绪、文明礼仪等,可以说主题设计范围非常广泛,只要能够突出学生发展的核心素养,能够充分帮助学生奠定文化基础,帮助他们自主发展,吸引他们参与。

主题维度很广,我们能够研发的领域很宽泛,有广阔的研发空间。明确"为谁培养人""培养什么样的人""怎样培养人"的问题,为我们的党育人,为我们的祖国育才。比如"广东方言"的系列"朝话"是关于语言的教育。再比如"打败拖拉怪""赶走懒惰怪""击倒浪费怪"是关于心理健康、行为习惯培养的系列"朝话"。

一般情况下,在"朝话"主题设计的时候,首先要确立一个总的题目,几个视频微课组成一个系列。像"中国祥瑞"系列"朝话",主题解读主要就是要说明祥瑞到底是什么,祥瑞有什么意义,为什么要研发这样的一个系列主题。这样的解读内容一般500字左右,主要是确定课程的内容。

接下来,把每一个小视频确定为一节微课,"中国祥瑞"系列一共是做了8节微课，一般情况下4~8节微课为一个系列，至少要有3个视频。主题解读过程也是我们确立方向的过程，要以学生为主体，带有从学生的角度出发这样的一种思维，紧扣小学生的特点，切忌"大而全"。

比如说"中国戏曲"系列原先的主题解读包含中国戏曲的组成、中国戏曲选择的内容、中西方的一些戏曲比较等，审稿时意识到研发这个方向过大，小学生理解起来较吃力，于是做了相关的改进，转为向学生介绍中国传统的戏剧形式，让他们了解中国戏曲中的英雄形象，通过不同的戏曲感受中国国粹的魅力，这样的定位容易达成。这也是我们确立"朝话"主题时一定要注意的。

二、从文字到声音

主题确立之后是设计文字导读，因为每一个微课视频5分钟左右的，文案800多字，一定要深入浅出，贴近儿童。在做视频微课之前要有一个脚本，脚本就是我们说的设计每一集的文字稿，例如："同学们，早上好！今天的'朝话'由我来跟大家交流优秀的中国传统文化'中国茶文化'。中国的茶文化源远流长，博大精深，中国是茶的故乡，茶文化融合了儒道佛诸派思想，独成一体，是中国文化中的一朵奇葩……"

中国茶文化微课文字稿1000字左右。首先介绍课题，比如"中国茶文化"系列里面分为"中国茶文化之红茶""中国茶文化之绿茶"

等，接着用一个导语介绍自己。一般的情况下，我们的模板就是"同学们，早上好""我是谁""今天的'朝话'由我来给大家一起分享什么样的内容"，简短又自然地引入视频微课中。

接下来注意解题，文字稿里面很重要的部分就是让孩子们一开始观看就知道这节微课讲什么并被吸引。

主题内容里面一定要涵盖一些跟孩子们进行互动的相关的小问题，比如"中国茶文化"的互动问题，"小朋友们，你还知道茶有哪些作用？课下和老师同学一起交流""茶到底有什么功效呢"，我们通过这样的问题，跟正在观看视频播放的学生发生关联。一般情况下，在这5分钟的视频播放完之后，要跟孩子们有一个互动，就视频当中提出的问题进一步提问"你有什么思考""你有什么想跟大家交流的"。关于观看"朝话"之后的学生思考反馈讨论，这也是非常好的一个研发点。

每一个设计稿都要有一个结束语，一般情况下我们都说"今天的'朝话'就讲到这里，同学们再见"，让这一节课有始有终。

比如我们学校的美术教师林志聪老师研发的"中国画"系列，课程内容介绍最早的文字稿比较晦涩难懂，从美术史的角度，解读思想内容和艺术创作，可能我们的孩子就会觉得中国画好生涩好难懂。后来，他修改为"中国画是我们中国特有的一种绘画形式，具有悠久历史和优良传统。中华民族传统绘画凝聚着中华民族的智慧、性格、心理、气质以及鲜明的特色。中国画常用的工具和材料为毛笔、墨、国画颜料、宣纸等。技法分工笔和写意。工笔指工整细致一类的画法，写意指的是墨彩飞扬，表现景物的神韵。中国画按使用材料和表现方法，可以细分为水墨画、工笔画、重彩画、白描画、钱江山水画和写意画等等。按主题材料，又有人物画、花鸟画和山水画之分……""有人说西洋画的人物、花鸟都画得很像，比中国画里的画得都像，这完全是一种错误的理解。大家现在看到的这幅国画叫《清明上河图》，在5米多长的画卷里，画家画了数量庞大的各种人物、牲畜、车、船、房、桥等等，栩栩如生，呼之欲出。看着这幅画，我们仿佛置身于当时北宋都城汴京内外，感受着汴河两岸的自然风光和繁荣景象。所以说中国画不会过分强调画得像不像，而是更注重通过画的内容表达情感和想法"。视频的文字稿非常清晰，跟孩子们在对话，同时引领着他们走进中国画的世界。

我们在做每一课的文字稿设计的时候，一定要有一种思考，就是脑海里要有画面，要想象孩子们在看着这个视频的时候会有什么样的思考，会延展想到什么，可能联系到什么，以及我们希望给到孩子们怎样的影响。

三、视频剪辑技巧

文字稿完成后，我们一般先做一个视频微课的PPT演示文稿，再通过手机录音将其变为声音文件，有了画面与声音后，第三步就是合成，按照声音的节奏配合上画面。后期还可以插入一首缓适合的音乐，最后完成一节较完美的视频微课。

大家看到我们制作的视频微课整体画面感强，效果非常好，这也是在研发的过程当中，大家的制作水平不断提高的成果。一般情况下，微课的页面包括封页、封底以及中间的内容，一般封页上就是简单呈现主题和制作人。内容需要将视频图片和文字相结合，制作PPT时，注意画面尽量简洁，文字不宜过多，布局和动画要充分考虑孩子们的观看方式。

"朝话"主要的受众虽然是学生，但其实老师、家长、社会群体，都认为"朝话"非常有可看性，同时可以引发很多思考，具有教育意义。

制作视频微课，音频剪辑与视频剪辑都很重要。青年教师技术方面都不会有太大问题，而每一个精美的"朝话"视频微课来都自于不断的修正，一定要注意每一个小细节。我剪辑"中国祥瑞·灵芝"的音频时，音轨上有密密麻麻的剪辑点，就是为了声音效果更好。剪辑音频的时候一定要仔细听，戴上耳麦能够听到里面的细节。比如降噪，有一些声音要适当提高音量，背景音乐插进来的时候，一定不要干扰到主播的声音。在视频剪辑的时候需要大家非常细致。

制作"中国祥瑞·鹤"的时候，有一段画面是这样的，"它的形态是长颈、竦身、羽白，给人一种清高的感觉，所以鹤被认为是有气质的禽鸟。古人又用翩翩然有君子之风的白鹤，比喻有高尚品德的人"，2分30秒到2分58秒的一个小片段，就20多秒的时间，我一共剪辑了6个视频，最后才实现了这样的画面效果。只要细致、不厌其烦，追求完美，就一定能制作出来非常优秀的作品。

视频编辑的时候也有一些小技巧，有的时候我们引用的一些小视频会有图标，我们可以使用跟它比较相近的图案来做遮挡，使得画面比较规整，因为"朝话"是播放给学生的，所以尽量避免出现商业广告。当画面有很多无关文字时，剪辑时可以去除。再比如，刚才大家看到的视频，其实原文上面是有字的，左边有一个商标，右上角有一个视频的标，底下也有解读的文字，这些内容我都不想要，我就做了上下黑色的遮挡条，把那些无用的内容全部遮挡了。当画面不能裁剪的时候，我们可以做一些适当的遮挡。

刚才我们说到的小技巧是针对引入一些视频的情况，制作视频微课时引入的部分不要超过30秒，累加起来也不要超过1分钟，因为"朝话"最终就是5分钟的呈现，不宜有过多的引入内容。

四、案例剖析

时光里的玩具

玩，不只是儿童的天性，也是人的本性。在玩耍的过程中，人们的身心得到锻炼，情绪得到舒缓，压力得到释放。玩，成为人类在闲暇时光不可或缺的消遣。人不仅爱玩，而且"会玩"，不仅玩出了丰富多彩的游戏活动，更是创造了不计其数、精妙绝伦的游戏器具，俗称"玩具"。这些玩具每一件都承载着当时人们对于玩的理解，包含了不同时期的民俗文化和民族智慧，从不同时期的玩具当中，我们能感受到中国悠久的传统文化。

"游戏是儿童最正当的行为,玩具是儿童的天使。"处于小学阶段的学生仍处于爱玩的年纪,各式各样的玩具令他们着迷,所以,本次主题设计就从他们的兴趣入手,通过一件件玩具,在好玩中带领他们共同畅游中国悠久的历史长河。

玩具作为生活中不可或缺的一部分,在从古至今的许多文学作品中也常常能看到它的影子,因此,本次"朝话"的课程目标就是让学生了解不同时代出现的具有代表性的玩具,提升学生的文学素养,培养学生对文学知识探索的兴趣。

在我国历史长河中出现的玩具种类繁多,本次"朝话"的四个课时以远古、汉、唐宋、明清划分内容,选取具有代表性的玩具逐个进行介绍,从玩具的外形、功能、在文学作品中的体现等方面阐述。

课时设计

序号	微 课 课 题
1	时光里的玩具·远古玩具
2	时光里的玩具·汉朝玩具
3	时光里的玩具·唐宋玩具
4	时光里的玩具·明清玩具

系列微课

（一）远古玩具

同学们，早上好，今天的朝话由我来跟大家一起分享"时光里的玩具·远古玩具"。

同学们，你们喜欢玩玩具吗？你们经常玩什么玩具呢？大家想不想知道，古时候的小孩子，他们玩什么玩具呢？作为拥有辉煌灿烂历史的国家，玩具数不胜数。接下来，请大家跟随钱老师，一起穿过时光隧道，去看看我国不同时期的玩具吧！首先，让我们一起来到远古时代。

刚来到远古时代，老师就在路上捡到这么个小东西，大家快来看看，这是什么呀？这其实是一件陶器，大家可以看到它的上方有小孔，轻吹就可以发出声音，想必说到这儿，有些聪明的同学已经猜出来了，没错，这个在远古时期就是小朋友们玩的哨子，它有一个名字，叫作陶埙（xūn）。说起陶埙，应该很多同学都认识，在我们现在的生活中仍会看到人们用它来吹奏乐曲。远古时代的人们也早就发现了陶埙的妙处，小朋友们就把它当成自己的玩具。最早的埙制作简单，仅能吹出一个音，但却让当时的小朋友们异常喜欢这个能够吹出声音的小玩意儿。

同学们，你们还知道哪些玩具可以吹出声音吗？课下和大家一起交流交流吧！

再来看看在远古时期，火爆小朋友圈的另一个玩具吧。就是陀螺。哎，在座的同学们一定很奇怪吧，这个玩具我们现在也玩，是啊，早在远古时期，陀螺就已经出现了。在新石器时代的河姆渡文化遗址和常州圩墩遗址中就出土了木陀螺。山西夏县西阴村的遗址中还出土了陶陀螺，可见陀螺在我国至少有几千年的历史了。而"陀螺"这个名字最早出现于明朝，在《帝京景物略》一书中，就提到一首民谣：杨柳儿青，放空钟；杨柳儿活，抽陀螺；杨柳儿死，踢毽子。陀螺这种玩具，形状或如圆锥，或圆形或椭圆形，多中空，可立在尖突或轴端上旋转。陀螺的玩法也是五花八门，在我们部编版小学四年级上册的语文课本中，有一篇名为《陀螺》的课文，作者高洪波就详细地给我们介绍了他小时候玩陀螺的经历，形象有趣，令人难忘。陀螺相对于如今一些新颖奇特的玩具，虽然没有吸引人的外表和特殊的功能，但它作为我国古有的玩具，具有一定的文化、历史底蕴，具有浓郁的民族特色。

今天的朝话，到了和大家说再见的时候了。共同期待下次我们的时光之旅，去领略我国不同时期玩具的独特魅力吧。

（二）汉朝玩具

同学们，早上好，今天的朝话继续由我来跟大家一起分享"时光里的玩具·汉朝玩具"的内容。

请大家继续跟随钱老师，一起穿过时光隧道，去看看吧！大家快来看，这个小朋友玩的是什么玩具啊？一根杆子，一端有马头的模型，另一端就在地上拖行，或者有一些还会在地上拖行的杆子一端加上小轮子。没错，这就是竹马。《后汉书·郭伋传》中记载"始至行部，到西河美稷，有童儿数百，各骑竹马，道次迎拜。""童儿数百，各骑竹马"由此可见，竹马在当时是很流行的儿童玩具。策马奔腾，这几乎是每个小孩子都曾经幻想过的场景。古代的孩子们想要骑上真马，可能比现在更困难，所以他们觉得应该做个假马来骑。孩子跨立上面，假装骑马。一只手握住竿头，另一只手作扬鞭状，来回嬉闹。说是竹马，其实就是个装饰罢了，结果还是靠人的两条腿来跑。哪怕到了唐朝，竹马依然深受小朋友们的欢迎。李白在《长干行》里的诗句"郎骑竹马来，绕床弄青梅。同居长干里，两小无嫌猜"，就提到了竹马，同时也为我们展现了当时孩童们玩耍嬉闹时的场景。我们今天常常用"青梅竹马""两小无猜"来形容从小就一起玩耍，天真无邪而关系亲密的男女。

汉朝除了竹马，也已经有了泥瓦做的玩具车。看来喜欢玩车并不是我们现在小朋友的专属。当时小朋友们喜欢玩的一种车叫作鸠车。大家请看这张图片，这是用铜做的一种鸠车。整件铜车就是一只"鸠"的形象。在它两侧的翅膀外面各有一个大轮子，在它的胸前还有一个突出的圆环，这是为了把绳子系在上面，小孩子们拉起绳子的另一端，就可以拉动鸠车，在路上愉快地玩耍了。

不过，古人为什么要把儿童玩具做成"鸠"的形象呢？感兴趣的同学可以查一查资料，课下跟同学们一起交流交流！

在西晋张华所著的《博物志》里有这么一句话："小儿五岁曰鸠车之戏，七岁曰竹马之戏"。看来，在古时候，不同年龄的孩子都有不同的玩具呢。

今天的朝话，到了和大家说再见的时候了。目前为止，老师已经给大家介绍了很多种古时候的玩具了，你在现实生活中有没有发现一直流传至今的古时候的玩具呢？快去找一找吧！

（三）唐宋玩具

同学们，早上好，今天的朝话继续由我来跟大家一起分享"时光里的玩具·唐宋玩具"的内容。

唐宋时期，社会经济文化繁荣昌盛，流行的玩具也多着呢，同学们，继续让我们穿过时空隧道去看一看吧。这里好热闹呀，这几个小朋友在玩什么呢？没错，就是我们熟知的风筝。风筝在我国可是有上千年的历史呢，据史书记载，风筝最初用于军事。到了唐代中期，社会进入了繁荣稳定的发展阶段，风筝的功用开始从军事转向娱乐。到了晚唐，风筝上已有用丝条或竹笛做成的响器，风吹声鸣，因而有了风筝之名。风筝，用细竹条做骨架，贴上鲜艳的纸或者丝绸，再画上画，造型多样，充满魅力。到了宋代，放风筝在妇女儿童当中成了颇为流行的一种玩耍娱乐方式。风筝便在我国流传下来。清代诗人高鼎就在他的诗《村居》当中写道："儿童散学归来早，忙趁东风放纸鸢。"这里的"纸鸢"就是风筝，可见，风筝在我国的历史长河中给孩子们带来了多少欢乐啊！

到了宋代，儿童的玩具已经相当丰富了。"玩具"一词，也产生于宋代。在宋代的街头有卖很多像我们今天玩的娃娃玩具，大家想不想看一看是什么样子的呢？大家请看，咦，貌似和我们今天玩的娃娃有很大的不同呢。当时人们把这种玩具叫作磨喝乐，是一种流行于宋代的节令性泥玩具，主要在农历"七夕"节上市。常见为各种造型的泥塑小娃娃，这个听起来奇怪的名字其实是梵文音译来的。它们大多穿着红背心，系青纱裙，还有的戴着小帽子，放在彩绘木雕的小栏座上，罩有红纱或碧纱制成的罩子，规格品种非常丰富，有用金玉装饰或制作的，价格不菲。在《东京梦华录》里记载"七月七夕，潘楼街东宋门外瓦子，州西梁门外瓦子、北门外南朱雀门外街及马行街内，皆卖磨喝乐"，从中我们能够感受得到磨喝乐在七夕节无比受欢迎。在古装电视剧《梦华录》和《知否知否应是绿肥红瘦》中，也会看到磨喝乐的影子，可见当时这种玩具的影响力有多大。另外，当时大人夸赞小孩生得好看会说："生得磨喝乐模样。"这跟今天夸人长得跟娃娃似的是一个道理。

又到了和大家说再见的时候了。从今天的朝话中，你学习到了什么知识呢？有兴趣的同学可以课下继续探讨我们古代的玩具，在探索中你会发现更广博的中国传统文化知识。今天的朝话到此结束，同学们，再见。

（四）明清玩具

同学们，早上好，今天的朝话继续由我来跟大家一起分享"时光里的玩具·明清玩具"的内容。

明清时期，民间很流行玩这样的玩具，大家看看，是什么？这个玩具可是在当时上至士大夫下至贩夫走卒，个个都爱玩的玩具。对了，有的同学就知道，它呀，叫作"九连环"。那么为什么叫九连环呢，大家数一数这个框架上，一共有几个圆环呢？哎，正好九个，它就是因此而得名。据明代杨慎《丹铅总录》记载"曾以玉石为材料制成两个互贯的圆环，两环互相贯为一，得其关，解之为二，又合而为一"。后来也用铜或铁代替玉石，成为儿童的玩具。

这个玩具究竟怎么玩呢？大家请看这里，用你聪明的头脑和灵活的双手，可以从框架上解下来九个环，因此九连环用九个圆环相连成串，以解开为胜。但是说得简单，想把铁环给取下来可不轻松呢。九连环解法多样，可分可合，变化多端。得法者需上下环81次才能将相连的九个环套入一柱，动作341次才能将九个环全部解下。对我们的耐心和智力都是不小的挑战，所以一直以来人们都把九连环纳入到益智玩具的范畴里。

《红楼梦》中也提到了九连环，林妹妹就是个九连环爱好者。在《红楼梦》中写道：谁知此时黛玉不在自己房中，却在宝玉房中大家解九连环玩呢。说到这儿，同学们，有没有对九连环产生极大的兴趣呢，有机会的话，大家可以试试看哦。

清朝还是抖空竹发展的一个鼎盛时期。空竹最早由"陀螺"演变而来。图片中所展示的正是空竹,典型的空竹有单轮和双轮之分,双轮的空竹形如腰鼓,以竹或木制成,两头为两只扁平状的圆轮,轮内空心,轮上挖有四五个小孔,孔内放置竹笛,两轮间有轴相连;单轮的空竹则形如陀螺,一侧有轮。因为轮内空心而有竹笛,故名"空竹"。这个游戏器材简单,易于学习而且动作花样繁多,故而很受欢迎。时至今日,空竹在我们生活中还处处可见,很多爷爷奶奶也深深地爱上了这个玩具。接下来,我们一起来看一个12岁的世界抖空竹冠军给我们带来的精彩表演吧!

古往今来,先人给我们留下了不少的财富,充满魅力的玩具不正是这众多财富中的一种吗?同学们,希望从今天起,你的课余时间不要都被电子产品所包围,去探寻一下身边充满趣味的玩具吧!今天的朝话到此结束,同学们,再见!

中国古都

中国是一个拥有五千年历史的文明古国,文化底蕴极其深厚。古往今来王朝兴衰、政权交替,形成了独树一帜的古都文化,这不仅对研究历朝历代的历史经济文化体系具有重要意义,更是我们现代社会宝贵的物质与精神遗产,向世界展示着华夏文明的独特魅力。

作为历史的见证者以及文化的承载者,中国古都的形成通常是地理、经济、军事等因素相互交织的结果。历经风雨沉浮,古都就像一部活的史书，一砖一瓦记载着千百年的沧桑巨变。我国古都数不胜数，其中最具代表性的就是"四大古都"。"四大古都"的概念最早可追溯于明代中期，学者顾炎武在《历代帝王宅京记》中，首次将西安、洛阳、南京和开封并称为"四大古都"。20世纪20年代，中国学术界在先前基础上提出了更具权威和公众认可度最高的"四大古都"，即西安、北京、南京和洛阳。

本系列"朝话"课程，选择了四大古都进行介绍，回顾浩瀚历史长河，古都所折射出的民族智慧与大国情怀耀眼夺目。了解古都文化，学习古都知识，既是领略文化之美、增强民族自信、文化自信必不可缺的途径，更是一种神圣的延续和传承。

课时设计

序号	微课课题	序号	微课课题
1	中国古都·西安	3	中国古都·南京
2	中国古都·北京	4	中国古都·洛阳

系列微课

（一）西安

同学们早上好！今天的朝话，由我跟大家交流中国四大古都之一——西安。

网络和科技的发展让千年古都的繁盛蓬勃展现于世人眼前，西安人民的质朴、热情、洒脱与那片中原大地相得益彰，西安啊，这座历经千年风雨的历史文化名城，正吸引着越来越多人前往。

说起西安，同学们脑海里最先想到什么呢？是羊肉泡馍、各类面食的浓郁香味？是"春风得意马蹄疾，一日看尽长安花"的慷慨诗意？西安，在1981年被联合国教科文组织列为"世界历史名称"，有许多值得我们探索的地方，现在就让我们一起去了解一下吧。

西安，古称长安、镐京，地处关中平原中部、北濒渭河、南依秦岭，是中国陕西省省会、中国西部地区重要的中心城市、关中平原城市群核心城市，也是中国重要的科研、教育、工业基地。与此同时，西安作为历史上十多个王朝的都城，是中华文明和中华民族的重要发祥地之一，也是古代丝绸之路东方的起点和东西文化交往的中心。相信去过西安的同学都知道，西安旅游资源极其丰富，丰镐都城、秦始皇兵马俑、未央宫、大明宫、咸阳宫等等历史著名建筑无一不展示着西安昔日的繁华，勾勒出"长安情结"；华岳仙掌、骊山晚照、灞柳风雪、曲江流饮、雁塔晨钟、咸阳古渡、草堂烟雾、太白积雪组成著名的长安八景，显示出它辽阔美丽的自然风光；还有回民街，牛羊肉泡馍、麻酱凉皮、甑糕、豆腐脑、凉粽子、锅盔、灌汤包……光是听听，肯定就有不少同学流口水了。

关于西安，还有一个不得不说的文化因素，那就是佛教。东汉时，佛教自长安传入中国，长安因此被称为佛教第二故乡，时至今日，我们依旧能在西安找到很多佛寺，如慈恩寺、青龙寺等。玄奘法师于公元627年秋天从长安出发踏上西行之路，在公元645年春天带着657部佛经回到长安。这其中的千难万险，想想《西游记》大家就能够想象得到了。

千年历史赋予古都西安丰厚的文化底蕴，经现代气息糅合，时尚都市散发着绚丽的时代风情，同学们对西安的印象用一个词概括是什么呢？课下和老师、同学们交流吧。

今天的朝话"中国古都·西安"就讲到这里，同学们，再见！

（二）北京

同学们早上好！今天的朝话，由我跟大家交流中国古都之一——北京。

作为2022冬奥会主办城市的北京再一次受到世界瞩目。北京，这个世界著名古都和现代化国际城市任何时候都不平凡，现在就让我们一起走进它吧。

北京作为城市的历史可以追溯到三千年前。早在西周时期，这里就已经是诸侯国的封地。秦汉以来，北京地区已成为中国北方的军事和商业重地，历史相关书籍中，"蓟城""燕京""大都""北平""京师""顺天府"等都是北京的旧称。北京在历史上曾是"辽、金、元、明、清"五朝的都城，从辽朝建都北京后的千余年里，这里建造了无数宏伟壮丽的宫廷建筑、数不胜数的历史名胜古迹和人文景观。

  故宫又称紫禁城，绝对是中国皇家建筑文化的代表。它是明清两代的皇宫，始建于明永乐四年（公元1406年），是世界上现存规模最大、保存最为完整的木质结构宫殿建筑，其在建筑形式和总体布局上体现出封建社会的等级制度和帝王至高无上的权威，数十万件的珍贵文物，更代表了中国历代文化艺术的最高水平。近些年来，我国越来越重视对故宫的保护与重建，《我在故宫修文物》《上新了故宫》《故宫儿童百科全书》等纪录片和书籍层出不穷，尤其推荐大家看一看董宏猷先生的奇幻儿童小说《故宫一千零一夜》，在妙趣横生的故事中去深刻领略一下那些数不清的文物珍宝和精雕细刻的雕梁画栋。

  同学们认为哪个景点是到北京必看不可的？我相信绝大部分答案会是长城。没错，拥有2000多年历史的万里长城俨然已经成为北京的标志景点，从它蜿蜒如龙的形态，仿佛能看到华夏文明的兴衰起伏，令人不禁感慨先祖的智慧勤劳与不屈不挠的意志。长城是中国历史上最大的防御工程，修筑的历史可上溯到西周时期。秦灭六国统一天下后，秦始皇连接和修缮战国长城，始有"万里长城"之称。明朝是最后一个大修长城的朝代，今天人们所看到的长城多是此时修筑的。长城的修建史凝结了无数人的智慧与血泪，北京境内最著名的有八达岭长城、慕田峪长城、司马台长城等。俗话说"不到长城非好汉"，同学们，有机会一定要爬一爬长城啊。

此外，北京还有枫叶观赏胜地香山，《让我们荡起双桨》中所唱的标志性建筑北海白塔，被誉为"皇家园林博物馆"的颐和园等景点，我们不仅可以感受高贵典雅的皇家风范，也能在胡同小巷里感受到北京大爷大妈们的浓厚热情。无论如何，去一次北京绝对是值得永恒保存的回忆。同学们，你们还知道北京的哪些故事或者旅游景点呢？课下和老师、同学们分享吧。

今天的朝话"中国古都·北京"就讲到这里，同学们，再见！

（三）南京

同学们早上好！今天的朝话，由我跟大家交流中国古都之一——南京。

也许提起南京，最先涌现在同学们脑海里的是"南京大屠杀"这一沉痛的历史事件，但是历史所赋予这座城市的内涵，绝对不仅仅只有战争洗礼后的庄重，跟随我一起走进南京吧。

"六朝金粉地，最忆是金陵"，南京古称金陵、建康，有着近2600年建城史和近500年的建都史，是四大古都中唯一未做过异族政权首都的古都，有"六朝古都""十朝都会"之称，其地处中国东部、长江下游、濒江近海，是中国江苏省省会、副省级市、南京都市圈核心城市。这是一座"山、水、城、林"交融一体的城市，有着丰富的自然景观和历史遗存，同时还有着1800年的文学传统，南京自古以来就是一座崇文重教的城市，有"天下文枢""东南第一学"的美誉。说个冷知识，明清时期，中国一半以上的状元出自南京江南贡院。

南京是中国古典文化和风雅文化的代表城市，也是个浪漫的城市，不知道大家有没有听过"梧桐树的爱情故事"。那一年，宋美龄说她喜欢法国梧桐，蒋介石便在南京种满了梧桐树。

文学昌盛，人物俊彦，山川灵秀，于历史与岁月中，南京傲然挺立。也许曾遍体鳞伤，但民族患难、痛苦淬炼之后，南京这座古都昔日的文化沉淀得越发深厚，金陵文化变得更美、更厚重。世间河流无数，可是再没有哪一条河流能与秦淮河的风姿绰约相媲美，十里秦淮，游不尽江南市井繁荣，古色古香，唱不尽天下良辰美景，同学们只要多看看相关电影和文学作品，一定能体会我所说的秦淮之美。

"十里秦淮河畔，半部唐宋诗词"，这里有"商女不知亡国恨，隔江犹唱后庭花"的悲叹，有"一带妆楼临水盖，家家分影照婵娟"的朦胧，踏在青石板的小路上，听一听婀娜婉转的黄梅戏，恍惚间仿佛所有纷扰的烦恼都抛之脑后了。如果累了，随便找一家餐厅，鸭血粉丝汤、金陵烤鸭、盐水鸭、灌汤包等等都能抚慰你疲惫的心灵。同学们都听过这样一句话"世间唯有美食不可辜负"，在南京，美食、美景都能得到满足，如果有旅行的计划，不妨将南京放在首选，一定不会让同学们失望的。同学们，你认为南京最有名的美食是什么呢？课下和老师、同学们分享吧。

今天的朝话"中国古都·南京"就讲到这里，同学们，再见！

（四）洛阳

同学们早上好！今天的朝话，由我跟大家交流中国古都之一——洛阳。

"若问古今兴废事，请君只看洛阳城"，这是北宋政治家、史学家司马光对于洛阳的高度赞叹，近代史学家们更是强调，"想了解两千年的中国，可以看西安，想了解五千年的中国，必须要看洛阳"。汉朝是中华文明的高峰之一，古中国的盛世，一半就在洛阳。同学们，今天我们要走进的就是洛阳这座古都，了解洛阳便了解了中华文明从何处来，到何处去。

从中华文明曙光初现，到盛大辉煌，到逐渐落伍，甚至到近代民族危亡的时候，洛阳的命运仿佛就是中华文明的命运。从中国第一个王朝夏朝开始，先后有夏朝、商朝、西周、东周、东汉、曹魏、西晋、北魏、隋朝、唐朝、后梁、后唐、后晋等十三个王朝在洛阳建都，100多个帝王曾在这里指点江山。北魏孝文帝更是通过迁都洛阳，实现了鲜卑文化与汉文化的融合。"昔三代之居，皆在河洛之间"，当中国的其他地区还在懵懂的时候，洛阳已经牢牢把控着中华文明的命脉，依河洛而王天下。我们熟知的中国历史上唯一女皇武则天在此登基，定洛阳为"神都"，意为洛阳是天造地设的都城，而她本人是天选的统治者。三皇五帝，河图洛书，丝路茶道，隋唐运河……5000多年的文明史、4000多年的建城史和1500多年的建都史，洛阳深厚的文化底蕴于一砖一瓦、一草一木中迸发，它见证了华夏文明五千年的兴衰起落、悲欢离合，代表着最早的中国，也是最本色、最渊深的中国。

洛阳文化遗产富饶，旅游景点数不胜数。佛教的种子于公元67年由印度高僧带入，从此白马寺袅袅的香烟已在洛阳城内飘荡近2000年，孕育着佛教文化；龙门石窟是中国石刻艺术宝库之一，开凿于北魏孝文帝年间，今存有窟龛2345个，造像10万余尊，碑刻题记2800余品。最著名的有武则天根据自己的容貌仪态在龙门石窟奉先寺雕刻的卢舍那大佛；老君山巍峨壮丽，山峰如雄鸡昂首，山中有独特的溶洞，前不久在抖音等短视频平台引发强烈关注，成为无数人向往的世外仙境……没有人能够选出来洛阳最值得去的景区是哪里，没有学者能够说出它最具文化魅力的地方，因为洛阳整个都城，都是值得永恒铭记和感受的地方。

无奖竞猜，我国的国花是什么？毫无疑问是牡丹，它被誉为"花中之王"，富丽堂皇，国色天香，自古就有富贵吉祥、繁荣昌盛的寓意。而牡丹更是洛阳的标志之一，洛阳牡丹根植河洛大地，始于隋、盛于唐、甲天下于宋，有诗云"洛阳地脉花最宜，牡丹尤为天下奇"，洛阳牡丹会于2008年被确定为国家级非物质文化遗产。留一个问题给大家，同学们知道洛阳牡丹花会是每年的什么时候吗？课下，告诉同学们吧！今天的朝话"中国古都·洛阳"就讲到这里，同学们，再见！

第五章

"朝话"的综合评价：让学生畅所欲言

一、"朝话"的评价理念

二、"朝话"的评价内容

三、"朝话"的评价方式

四、案例剖析：丝绸之路
　　　　　　　中医药文化

一、"朝话"的评价理念

"朝话"的评价要实现科学设定评价主体,应围绕教育内容,采取特色化的指标进行评价。要求评价的主体全面多样,以保证评价的客观性、全面性和科学性。

评价主体:以制作教师为主,思想政治理论课教师、班主任等为辅,通过教学活动和管理活动合力推动开展。评价主体还包含学生本人、班级评价小组、课程的管理人员等。为了不断优化改进,明确"朝话"的效果,围绕课程设定的内容和相关标准,由各个主体独立评价,并在协商的基础上对形成的综合性评价进行归因分割。

评价维度:在实施评价中,根据评价主体不同而有所侧重并体现出不同视角,以保证其全面性和科学性。其中,学生主要评价内容、视觉、听觉效果。教师主要对学生在"朝话"学习中所表现出来的情感、态度、价值观的变化及学生反馈等进行评价。思想政治理论课教师则更为侧重社会主义核心价值观对学生思想引导的评价。管理人员和班主任则更为关注学生反馈行为的变化。

评价结论:结合学生的写实性评价,综合形成系统的评价结论,促进"朝话"研发的水平提升。

系统开展评价活动。对于学生发展的评价往往和对"朝话"课程自身的评价是结合在一起的,需要周详规划。

评价的原则:"朝话"对学生素养的提升是一个循序渐进的过

程。因此，评价首先要注重定性评价而非定量评价；其次，由于"朝话"的过程性，评价应该更注重过程而不应该唯结果论，注重描述性评价而非区分性评价；最后，在评价中应该遵循发展的原则，即关注学生纵向的自我发展，减少横向比较。过程性评价、定性评价、发展性评价应该成为"朝话"课程评价的三大原则。

评价的标准与方法：任何课程都有其教育的诉求，主要包括情感、态度、价值观。以情感评价为例，又可以细分为学习主动性、课程自信心、挑战学科前沿的勇气、合作与交流意愿、学科历史感等。基于三个层面开展效果评价，并据此制定相关标准。

评价的关键环节是结果的运用。对于"朝话"研究来说，结果的运用甚至在意义上要远大于评价结果自身。总的来说，评价结果最直接的运用是改进教学、提升教师的教育教学能力和课程开发能力。同时，结果还可以运用到课程设计的改进、评价标准的改进以及制度的完善等方面。推动课改革创新，不断增强"朝话"的思想性、理论性、针对性。

二、"朝话"的评价内容

维度	评 价 标 准		
选题	1.选题简明 选题必须紧扣立德树人目标，围绕某个知识点、教学环节、实验活动等展开，选题简洁	2.选题典型 围绕日常教学或学习中的常见、典型、有代表性的问题或内容进行设计	3.解读清晰 围绕一个主题组织设计系列微课

（续表）

维度	评价标准		
内容	1.科学正确 概念描述科学严谨，文字、符号、单位和公式等符合国家标准，符合规范；作品无著作权侵权行为，无敏感性内容导向	2.结构完整 设计要素齐全，内容要精确，注重实效。问题要有针对性与层次性，主观、客观习题的设计难度等级要合理。设计要形象直观、层次分明，简单明了	3.逻辑清晰 内容的组织与编排要符合当前中小学生的认知逻辑规律，设置合理，逻辑性强，明了易懂
视频	1.技术规范 微课视频一般不超过5分钟；视频画面清晰、图像稳定、构图合理、声画同步，能全面真实反映教学情景	2.语言规范 使用规范语言，普通话或英语需发音标准，声音清晰，语言富有感染力	3.画面规范 课件上不要出现分散学生注意力的元素，如动态图标等
效果	1.目标达成 符合学生发展、自主学习的目标	2.精彩有趣 符合创新教育理念，体现新教学方法，教学过程深入浅出，形象生动，精彩有趣，启发引导性强，有利于学生的学习积极性和主动性的提升	3.形式新颖 构思新颖，富有创意

三、"朝话"的评价方式

教师在进行"朝话"评价时,对于学科核心素养的各组成应分别采取广度优先和深度优先这两种不同的方式评价。在实践中,可分别从"朝话"对课程标准的体现、对教师的教、对学生的学三个角度评价和分析。

首先,在评价"朝话"时,应分析并明确"朝话"与课程标准条目对教学内容要求的吻合程度。教师应关注具体的一节"朝话"是否对课程标准具体条目进行有效解读,是否选择出适合使用"朝话"微课形式进行教学的知识点和操作技能,以及这些知识点和操作技能如何体现学科核心素养等。其次,应关注在教学中对信息的使用是否恰当,课堂教学中是否出现画面喧宾夺主,对于学生需要亲身经历的实践性操作活动是否存在"以看代练"的错误教学行为等。最后,应从学生学习的角度评价和分析"朝话"的作用是否恰当,即"朝话"的内容是否有利于促进学生理解,是否便于学生学习等。上述三个角度的评价和分析,是教师在"朝话"评价时应关注和记录的,也是评价的重要过程性材料和依据。

明确培养维度,选择广度优先或深度优先的方式评价"朝话"的作用。教师明确"朝话"的适用范围主要是对"合适对象"的行为习惯、传统文化、科学知识、职业规划等方面的教育,就可以明确"朝话"对学生学科核心素养的培养维度。

在评价时,教师先评价"朝话"是否符合表达的技术规范,再评价"朝话"是否展示了表达设计构想的方法,即"朝话"应向学生明确表达教育内容相关性;最后评价"朝话"是否有必要的总结和归纳,并将这种总结和归纳以文字形式加以展示,以便于学生学习参考。

评价"朝话"的合理性与易用性。在教学中,审视"朝话"与具体课时的教学要求是否吻合,主要看"朝话"所展示的基本内容是否符合科学性原理,是否具有深刻的教育性和严整的逻辑性;评价其是否能够有效吸引和启发学生思维;教师是否有采用多种可能的手段,促进学生观看和学习。

四、案例剖析

丝绸之路

丝绸之路,简称丝路,它是指起始于古代中国,连接亚洲、非洲和欧洲的古代陆上商业贸易路线。在这条道路进行贸易往来的物品中,以我国的丝绸最为出名,所以被称为"丝绸之路"。狭义的丝绸之路一般指陆上丝绸之路。广义上讲又分为陆上丝绸之路和海上丝绸之路。

丝绸之路的开辟极大地促进了中国与亚、非、欧各国的经济交流和文化交流,它是人类文明史上的一个伟大创举,也是古代东西方最长的国际交通路线,它是丝路沿线多民族的共同创造,所以又称之为友谊之路。它不仅是一条路，更是一座桥梁、一根纽带。

由于当时中国国力强盛、技术先进、物产丰富，陆上丝绸之路不足以满足商人贸易的需求，于是开辟了海上交通要道，也就是历史上著名的海上丝绸之路。到明代，郑和下西洋成功，海上丝绸之路达到极盛。

在新的时期，"一带一路"倡议在传承和发扬丝绸之路精神的同时，赋予了丝绸之路全新的时代内涵。

本系列"朝话"课程结合小学生的年龄和认知特点，将从陆上丝绸之路、海上丝绸之路和"一带一路"三个方面设计课程内容。意在通过对丝绸之路相关内容的介绍，让学生感受丝绸之路由古至今的重要作用，树立学生的民族自信心和自豪感。

课时设计

序号	微课主题
1	丝绸之路
2	海上丝绸之路
3	"一带一路"

系列微课

（一）丝绸之路

同学们早上好！今天的朝话，由我来跟大家交流中华传统文化的内容——丝绸之路。

　　小朋友们都知道《西游记》中唐僧西天取经的故事吧。唐僧的原型是唐朝的著名僧人玄奘，他孤身一人从当时的国都长安（现在的西安）出发，历经艰难险阻，最终到达天竺（现在的印度）取得真经。当时玄奘取经走的就是丝绸之路，那么丝绸之路是谁开辟的呢？

　　丝绸之路的故事要从2000多年前西汉一位伟大的探险家说起，他的名字叫张骞。当时，汉朝正在准备抗击匈奴，汉武帝想联合西域的大月（ròu）氏（zhī）夹击匈奴，于是决定派一名使者出使大月氏。但是西域是非常荒凉的地方，有面积巨大的沙漠和雪山。有时狂风不断，沙子石头满天飞；有时又非常寂静。要越过西域7000多千米的流沙与荒漠，这在当时是极其困难的事情。这时，有勇有谋的张骞主动请求出使西域。他带着丝绸还有一些其他商品，从古都长安出发，历经13年，经过甘肃、新疆到中亚、西亚各地，最后到达地中海地区，连接起了一条陆地上的运输道路，这条道路就是著名的"丝绸之路"。同学们课下可以查一查张骞出使西域发生的故事，与你的同伴进行分享。

　　张骞两次出使西域，加强了中西方的友好往来。从这以后，一队队的骆驼商队在这条漫长的道路上行进，除了丝绸，中国还将瓷器、茶叶和铁器等商品传到了西方，而我们今天吃的葡萄、核桃、石榴、蚕豆、黄瓜、芝麻、无花果等食品是从西方通过丝绸之路带到我们国家的，还有狮子、犀牛、良马等动物也传进了我国。不仅如此,在当时科学技术先进的中国还将养蚕、缫丝、冶铁、凿井、灌溉等技术带向中亚、西亚和欧洲,同时也引进了一些先进科技。你还知道哪些通过丝绸之路交流的物品,课下查一查吧。

丝绸之路很遥远很漫长,而且也非常坎坷,这条路的繁荣畅通是一代又一代、一辈又一辈人的努力换来的,很多人也因此付出了沉重的代价,如王翰在《凉州词》中所说"葡萄美酒夜光杯,欲饮琵琶马上催。醉卧沙场君莫笑,古来征战几人回",可以看出,和平与繁荣来之不易。

丝绸之路的开辟,有力地促进了东西方的经济和文化交流。这条有名的丝绸之路,到今天仍然是中西方交往的一条重要通道,它是人类文明史上的一个伟大创举。

今天的朝话"丝绸之路"就讲到这里,同学们,再见!

(二)海上丝绸之路

同学们早上好!今天的朝话,由我继续跟大家交流中华传统文化的内容——"海上丝绸之路"。

上一期朝话我们了解到"丝绸之路"是中西方贸易交流的重要路线,实际上路线并不只有一条。除了陆上交通之外,还有一条经过海路到达西方的路线,就是今天我们所要讲的"海上丝绸之路"。"海上丝绸之路"又称"海上陶瓷之路"或"海上香料之路"。

海上丝绸之路的历史也很久远，早在汉朝的书籍中已经有了记载。宋朝是海上丝绸之路发展的重要时期。为什么呢？同学们试着猜一猜。这是一条又长又远的海路，而且海上航行还可能遇到大风大浪，容易迷失方向，那就需要具备先进的航海技术。宋朝可是我国古代科学技术发展的黄金时期，在这个时期造船的技术和航海技术都有了明显的提高。小朋友们熟悉的中国四大发明之一的指南针就是在宋代发明的，它是海员手中不可缺少的重要导航工具。因此这一时期的海上丝绸之路有了较大的发展。

元朝时，丝绸在海上丝绸之路的地位逐渐被瓷器所取代，沿线的一些国家开始以陶瓷代称中国，除了绸缎、陶瓷，我们还将茶叶、金银、胡椒、药材、珠贝等物品带到其他国家。这一时期还出现了一些优秀的航海人才和探险家，著名的航海家汪大渊就是其中一个。汪大渊20岁时就从泉州港出发，游历亚洲、非洲、澳洲各国，他到过盛产咖啡的爪哇、矿产资源丰富的缅甸、富有特色的澳大利亚以及金字塔所在地埃及等地，遇到过热情好客的部族，在那里即使在酒宴上喝醉了，醒来时行李依然完好，也到过一些很危险的地方，九死一生。这些经历都在他编写的《岛夷志略》这本书中，感兴趣的同学可以找来看一看，了解汪大渊航海探险途中有意思的故事。

明朝时郑和率领船队七次下西洋，是我国古代规模最大、时间最久的海上航行，曾到达亚洲、非洲39个国家和地区，是海上丝绸之路发展的巅峰时期。郑和把我们中国优秀文化带给其他国家的同时也引进了积极的国外文化，这是值得我们中华儿女骄傲和自豪的。

海上丝绸之路进一步促进了东西方的友好交流，推动了世界的进步和发展，也给后世产生了重要影响。今天的朝话"海上丝绸之路"就讲到这里，同学们，再见！

（三）"一带一路"

同学们早上好！今天的朝话，由我跟大家交流新时期的"一带一路"。

前两期我们了解了历史上的陆上丝绸之路和海上丝绸之路，感受到了它们对东西方交流和世界进步的重要意义。到了今天，丝绸之路不仅没有消失，而且在继承和发扬的基础上有了新的发展，这就是2013年提出的共建"丝绸之路经济带"和"21世纪海上丝绸之路"的重大倡议（简称"一带一路"）。

"一带一路"使沿线各个国家的联系更加紧密，加强了国家之间的友好交流。古代丝绸之路中有骆驼商队，今天科技和交通更加发达了，我们有了先进的"钢铁驼队"——"中欧班列"，它是"一带一路"的名片。中欧班列是往来于中国和欧洲以及"一带一路"沿线各国的集装箱国际铁路联运班列，联通我们国家和欧洲国家多个城市，可以说是打通了亚欧大陆的"任督二脉"。

2020年对我们来说都是很不平凡的一年，面对新冠肺炎疫情的严重冲击，很多国家防疫物资紧缺，空中运输和海洋运输因为疫情受到不同程度的阻碍，中欧班列这名称职的"快递小哥"在这个特殊时期发挥了它的重要作用，坚持不断地开行，为世界上多个国家以及国际组织提供了多批口罩、防护服等紧急抗疫物资援助，还开通了多列防疫物资专列，为助力全球共同抗疫贡献了"中国力量"。

"一带一路"让我们中国人民和各国人民更加亲近了，欧洲的红酒、火腿进入我们的日常生活中，中亚国家的牛羊肉更多地出现在东南亚国家家庭的餐桌上，东南亚国家的特色水果、蔬菜被大量运往中亚国家……

同时它也给人们的生活带来了很多福利，比如互联网购物更加方便、便宜，而且安全可靠；给人们带来了很多的工作机会；文化交流增多，追剧看展更加方便。

大雁之所以能够穿透风雨，行稳致远，关键在于它们能够结伴而行，相互借助力量，就像现在"一带一路"中的国家和人民一样。"一带一路"一定会改变人们的生活，让我们走向更美好的未来。今天的朝话"一带一路"就讲到这里，同学们，再见！

中医药文化

中医药是祖先留给我们的宝贵财富，是中华民族的伟大创造，在中华优秀传统文化中占有不可替代的重要地位。

面对2020年突如其来的新冠肺炎疫情，我国已取得抗击疫情的重大胜利成果，而中医药在抗击疫情中的优异表现和突出贡献，充分彰显了其智慧和力量，展现了中医药健康文化的巨大魅力，这使我们更加热爱中医药这块中华文明的瑰宝。文化是一个国家、一个民族的灵魂。文化兴则国运兴，文化强则民族强。让我们一起在浓厚的中医药文化学习中，更加深切地感受民族文化的自信吧！

课时设计

序号	微课课题
1	岐黄之术与《黄帝内经》
2	李时珍与《本草纲目》
3	屠呦呦与青蒿素

系列微课

（一）岐黄之术与《黄帝内经》

同学们早上好！今天的朝话，由我跟大家交流中医药文化的内容。中医药是祖先留给我们的宝贵财富，是中华民族的伟大创造，在中华优秀传统文化中占有不可替代的重要位置。

中医是我们祖先发明的一种医术，有几千年的历史了。在远古时代，没有医，没有药。我们的祖先以狩猎为生，经常会受伤出血，他们无意中接触到一些植物，发现有助于止血，身体扭伤时，无意碰到身体的某些部位，发现疼痛可以缓解。人们渐渐发现越来越多的植物、动物、矿物等可以治疗咳嗽、呕吐、失眠等各种病症，逐渐就形成了中药学的知识和理论。他们在人的身上也发现很多有规律分布的治疗病痛的点（称为穴位），逐渐形成了经络学。古代的医家通过观察、记录、整理，将不同的病症进行分类，并将中药、经络穴位组合应用于治疗中，形成了中医学。中医的起源和发展于生活实践，在几千年的历史中，不仅积累了治病救人的理论与方法，也被广泛应用于民间生活，发挥养生、保健的作用。

岐黄之术其实就是指中医。"岐"是黄帝的臣子岐伯，他从小善于思考，有远大的志向，喜欢观察日月星辰、风土寒暑、山川草木等自然界的事物和现象，还懂音乐，会做乐器，测量日影，多才多艺，才智过人。后来因为许多百姓死于疾病，岐伯便立志学医，四处寻访良师益友，精于医术脉理，成为名震一时的中医，他被后人誉为中医学的鼻祖。"黄"指的是古代的轩辕黄帝，相传黄帝常与岐伯探讨医学问题，其中的很多内容都被记载于《黄帝内经》中。《黄帝内经》也是现存最早、最权威的中医经典著作，距今已经有2000多年。后世出于对黄帝、岐伯的尊重，将中医称作"岐黄之术"。

以《黄帝内经》中记载的一个穴位为例，我们一起来学习一下，感受中医文化的魅力吧。这个穴位是后溪穴，后溪穴是你的手握成拳头时，手掌小指侧的小突起处。现在请你把双手后溪穴的部位放在桌沿上，用腕关节带动双手，左右来回滚动，会有轻微的酸痛感。我们学习的时候，每隔一小时，可以在桌沿上滚动按揉后溪穴一分钟，这样可以缓解腰、颈、眼部的疲劳，预防颈部、腰部及近视等疾病。你还知道哪些穴位呢，自己动手查一查吧。

中医治病救人，守护着我们中华民族生生不息，繁衍至今。中医博大精深，要讲的话题太多了，有名医故事、医道精神，有《黄帝内经》《本草纲目》等流芳百世的医学典籍，有诺贝尔医学成就，有治病养生的道理，也有中药、针灸、拔罐等多样化的治疗手段。你还知道哪些有关中医的知识呢，课后试着与同学交流一下吧。

（二）李时珍与《本草纲目》

同学们早上好！今天的朝话，由我跟大家交流中医药文化的内容。李时珍出生在明代一个医学世家，祖父、父亲都是医生。家里后院种着许多药草，李时珍从蹒跚学步之时，就和这些草木结下了不解之缘。他喜欢看这些花草发芽、开花、结果，喜欢看父亲把它们制成草药，为别人治病。

有一次，李时珍路过一个山村，看到前面围着一大群人。走近一看，只见一个人醉醺醺的，还不时地手舞足蹈。原来这个人喝了用山茄子泡的药酒。"山茄子……"李时珍望着笑得前俯后仰的醉汉，记下了药名。回到家，他翻遍药书，找到了有关这种草药的记载。可是药书上写得很简单，只说了它的本名叫"曼陀罗"。

后来李时珍在采药时找到了曼陀罗，并按村民说的办法，用曼陀罗泡了酒。过了几天，李时珍决定尝一尝，亲身体验一下曼陀罗的功效。他抿了一口，味道很特别；又抿一口，舌头以及整个口腔都发麻了；再抿一口，人昏昏沉沉的，不一会儿发出阵阵傻笑，手脚也不停地舞动着；最后，他中毒失去了知觉，摔倒在地。

一旁的人都吓坏了，连忙给李时珍灌了解毒的药。过了好久，李时珍醒过来了，大家这才松了一口气。醒来后的李时珍兴奋极了，连忙记下了曼陀罗的产地、形状、习性、生长期，写下了如何泡酒以及制成药后的作用、服法、功效、反应过程等。有人埋怨他太冒险了，他却笑着说："不尝尝，怎么断定它的功效呢？再说，总不能拿病人去做实验吧！"听了他的话，大家更敬佩李时珍了，就这样，一种可以用于临床麻醉的药物问世了。同学们，你们了解曼陀罗这种中草药吗？试着动手查一查吧。

李时珍20岁那年，家乡蕲州发生了一场严重的水灾。李时珍目睹惨景，心如刀绞。他和父兄一道，没日没夜地救护病人，不知把多少濒临死亡的人从死神手中抢了回来。但是，也有很多病人因为用药不当，莫名其妙地送了性命。原来，几种古药书对药物的性能记载有误，这一件件药物误人的事在李时珍心中激起巨大的波澜。古医药书籍蕴含着丰富的知识和宝贵的经验，但也确实存在着一些错误，若不及早订正，轻者会耽误治病，重者会要人性命啊！于是，李时珍下定决心重修本草典籍，写了《本草纲目》这部著作。你知道《本草纲目》里面有哪些内容吗？有兴趣的同学可以课后读一读。

李时珍的一生，成果卓著，他所著的《本草纲目》，为中医药事业做出巨大的贡献。他不仅是中华民族的骄傲，也是公认的世界文化名人。如今，蕲州雨湖南岸的李时珍墓前，有一座用花岗石砌成的墓门，横梁上刻着"科学之光"四个大字，这是华夏子孙对李时珍的最高赞誉。

（三）屠呦呦与青蒿素

同学们早上好！今天的朝话，由我跟大家交流中医药文化的内容。同学们，你们听说过"打摆子"这个病吗？在医学上，这个病叫疟疾，它是由蚊子叮咬人体后传播一种寄生虫而导致的疾病。得了疟疾非常难受，人会出现发热、发冷打寒战、身体痛等症状。你了解蚊子是怎么传播疟疾的吗？试着动手查一查吧。在非洲和东南亚的一些热带国家，有一种恶性疟疾的死亡率很高，但一直没有治疗此病的有效药物。

为了攻克疟疾，1967年5月23日，我国政府组织全国的相关专家联合研究抗疟新药，称为"523计划"。屠呦呦担任其中一个研究组的组长，她带领科研人员广泛查阅中医古籍，走访名老中医，从两千多个方子中选定了青蒿这种中药。青蒿遍布全国各地，同学们可以在春天或夏天，让爸爸妈妈带你到野外去找一找青蒿，观察一下青蒿的生长形态。青蒿有多种，治疗疟疾效果好的叫黄花蒿。你能试着在野外找到黄花蒿吗？它在我国古代是治疗疟疾的重要药物，历代医学著作都有记载。但研究组经过反复试验发现，效果并不理想。

于是屠呦呦又反复查阅中医古代文献，最终在东晋葛洪的《肘后备急方》中发现了一段文字：青蒿一把，以水二升泡，然后绞榨取汁服用。屠呦呦陷入沉思：为什么葛洪不使用中医常见的煎药方法，而是要用这种方法来制取药物呢？是不是煎煮温度比用水泡的温度高，破坏了药物的有效成分呢？

想到这一点之后，屠呦呦改用乙醚来提取青蒿中的抗疟疾成分，因为乙醚的沸点远比水低。随后，研究组将用这种方法得到的青蒿提取物给染有疟疾的小鼠做治疗试验，结果发现疗效显著提高。

在此基础上，她的团队在经历了190次实验失败后，终于在第191次实验中取得成功，找到了抗疟疾的有效成分——青蒿素。此成分对恶性疟疾有良好的疗效，目前已拯救全世界数百万人的生命。

屠呦呦对治疗疟疾所做出的重大贡献，使她获得2015年的诺贝尔生理学或医学奖，这是我国科学家首次在自然科学领域获得的世界最高奖。在颁奖大会上，屠呦呦说："青蒿素的发现，是传统中医献给世界的礼物。"

中医药在我国已有几千年的历史，是我国原创的医药科学，是一个伟大的宝库，有着丰富的防病治病、养生保健经验，为守护中华民族的健康做出了巨大贡献。在防治新型冠状病毒感染中，中医药发挥了重要的作用。我国还向意大利等国家捐赠了中成药，希望为世界各国人民的健康提供更多的帮助。除此以外，中医药还有很多有价值的知识值得我们去学习、挖掘和研究。

第六章

"朝话"的研究成果

一、指向立德树人的"朝话"课程研发

　　——广东省"百千万人才培养工程"专项课题开题报告

二、通过"朝话"课程研发培养立德树人的实践研究

　　——珠海市"名师工作室"专项课题研究报告

三、立德树人视域下的"朝话"课程研发

　　——广东省2023年度教育科学规划课题开题报告

一、指向立德树人的"朝话"课程研发——广东省"百千万人才培养工程"专项课题开题报告

（一）开题活动简况

2021年10月26日，广东省"百千万人才培养工程"小学名校校长班在肇庆学院进行了第三阶段的学习。深圳市教育科学研究院熊冠恒主任给校长们带来《中小学校长如何开展课题研究》的专题讲座。

熊主任先从校长为什么要做教育课题研究引发大家思考，提出现代校长既是教育工作者又是研究者，围绕"中小学教育课题研究概述""中小学教育课题的选题定题""教育课题的研究设计与发展""研究方法与技能训练"四个方面内容，结合具体案例讲述课题研究的做法和意义。

最后，熊主任小结指出：所有的研究都要从案例入手展开研究，研究问题要找出核心概念，其内涵在整个研究过程保持一致性；研究内容根据核心概念内涵与实际需要来建构；研究目标用完成式动词描述；研究设计分总体设计、分项设计、分阶段设计、主题设计；研究开展要注意科学运用研究方法，逻辑自洽；研究成果以出观点、出论文、出案例、出自编教材等呈现；创新是研究最重要的本质特征。课后，校长们就课题研究与熊主任进行互动交流，熊主任指出"双减""作业设计""在线学习与教学""智慧教育""项目式学习"

成为当前课题选题的热点，校长们豁然开朗，受益匪浅。此次讲座，让校长们明确课题选题的方向，清晰课题研究的思路，为今后的课题研究指引明路。

下午，由谢景霞、赵燕群、周丽、何华、严玲珍、王树宏六位校长就自己的研究项目进行开题汇报，分别作了《童心教育校本专题课程的项目式学习实践研究》《小学语文阅读教学读写一体化教学实践研究》《小学劳动教育"三全"模式的实践研究》《指向立德树人的小学"朝话"课程实践研究》《以绘本为载体的践行课程思政的研究》《小学英语课堂中文化意识素养提升行动研究——跨学科学习视角》的开题报告。

深圳市教育科学研究院熊冠恒主任和肇庆市社科联党组成员周春辉副主席两位专家就学员开题报告给予不同的点评与建议，或提纲挈领，或直面优缺，或点拨提升，使全体学员受益。

高位思考、潜心研修，让校长们站得更高、看得更远；专家指导，让校长们走得更实、看得更清。一路芬芳一路歌，全体学员将不断加强学习和探索，阔步走在教科研的大道上，共同推动广东基础教育高质量发展！

（二）开题报告要点

【课题名称】指向立德树人的小学"朝话"课程实践研究

【项目类别】德育

【设计论证】

1. **核心概念界定**

立德树人：是教育的根本任务，对象是广大青少年群体，培养目标是德智体美劳全面发展的社会主义建设者和接班人。

"朝话"：朝（zhāo）话是在朝会上讲的话。1931年，梁漱溟先生与梁仲华等人在山东邹平创办山东乡村建设研究院，兴起了一场轰轰烈烈的乡村建设运动。"朝话"便是这个时期梁先生每日清晨与研究部同学们的谈话辑录。

本课题研究的"朝话"是一种现代朝话，即以一种视频微课形式呈现的小哲理课、小思政课、小教育课。每天5分钟左右的视频微课，引领师生开启校园生活有意思和有意义的一天。朝话把深刻的道理融入小故事、案例、对话等学生喜闻乐见的形式当中，构建多维度、多视角的朝话课程内容，填补了小学阶段思政课研究的部分空白。

2. **国内外研究现况**

（1）国外研究：立德属于上层建筑的范畴，是一种社会意识形态。思想道德教育是一个国家治国理政的重要手段。美国的公民教育目的在于增强美国人的公民意识，培养资本主义社会的合格公民，实现资本主义的政治目标，促进社会的稳定和发展。英国的思想道德教育有三种形式：第一种形式是集会，借真实的事例引发相应的演讲，用真实的具体感人的例子来感动学生，引起共鸣；第二种形式是课堂，多数以宗教课为主，以讨论的教学方式引导学生学习做人的道理；第三种形式是慈善日，在具体的活动当中，激发学生关爱、平等等情感，把道德教育与慈善日活动结合起来，让学生行动起来。国外的思想道德相关教育大部分是通过有效载体进行落地实施的。

（2）国内研究：我们国家特别重视立德树人教育，学校自觉贯彻党的教育方针，落实立德树人的根本任务，在大中专院校开设思政课，小学阶段开设道德与法治课程。在小学，立德树人教育也会通过大量的国旗下讲话、少先队建设活动等载体进行落地实施。但是，针对小学生特点的课程建设还比较匮乏。具有现代技术支持的"朝话"课程，把社会主义核心价值观融入教育全过程，寓教于乐，短小精悍，是落实立德树人教育极为有效的载体。

党的十八大提出，"把立德树人作为教育的根本任务，培养德智体美全面发展的社会主义建设者和接班人"。习近平总书记围绕坚持立德树人这一教育的根本任务作了许多重要论述，提出了明确要求。青少年是祖国的未来、民族的希望，青少年教育最重要的是教给他们正确的思想，引导他们走正路。落实立德树人根本任务，我们要牢牢抓住立德树人的关键，全面贯彻党的教育方针，结合新时代的新要求，通过课程载体将立德树人全面落到实处。

3. 选题意义和价值

青年教师缺乏经验，但年轻富有活力，急需一种适合的研究来引领教师成长。新建学校逐年招生，学生处于中低年级的起步阶段，相关研究要充分考虑学生实际。区域对新建学校投入力度较大，要充分发挥其引领、示范、带动作用。综上所述，我们希望通过"朝话"课程研究达到多角度发展的目标。

每个孩子：每日每晨观看"朝话"，透过短小精悍的视频小窗口，感受博大精深的中华文化。

每位教师：通过研发朝话、录朝话视频，提升对课程的理解和对教育的理解，形成自己的"朝话"系列课。

参研学校：相互学习，资源共享，共同研究，一起成长。以"朝话"课程为载体，深化校本课程体系，为学校发展注入不竭的动力。

4. 研究内容

"朝话"课程构建：通过对"朝话"主题、内容、样式、效果、评价等方面的研究，探索系列"朝话"研发的一般规律和方法，形成适合小学生的"朝话"课程，使之可推广，可应用。

"朝话"主题设计：突出德育为先，针对小学生的特点进行分类开发，包括中国符号、文学殿堂、数理逻辑、艺术天地、审美游戏、体育运动、健康生活、文明礼仪、控制情绪、神奇自然、生涯规划等。

系列"朝话"微课：包括"朝话"主题设计（即系列微课的总题目）、主题解读（含课程目标和课程内容）、课时设计、微课文字稿（包括课题、导语、内容、结语）、制作微课视频（包括时长、使用录屏软件或微课软件制作）。努力挖掘教学内容，借助现代教育手段，通过问题驱动、情境创设等途径，培养学生认识问题、分析问题和解决问题的能力。

形成视频资源库：通过教师的研发、制作，形成"朝话"视频微课资源库，投放到相关平台，将所有视频微课免费向校内外学生开放，扩大"朝话"的教育影响。

5. 研究重点

通过对"朝话"主题、内容、样式、效果、评价等方面的研究，探索系列朝话研发的一般规律和方法，形成"朝话"课程，使之可推广，可应用。

6. 研究难点

监管"朝话"的制作。拟通过成立"朝话"管理试播小组，建立标准，管理并优化"朝话"制作。

7. 创新之处

探索微型思政课的落脚点和研究路径，形成以"朝话"课程研究为载体的校本研究模式。培养出一批"朝话"设计和制作的骨干教师，作为种子教师带动各个联盟学校研究的梯队，在设计、制作、反思、总结的实践研究过程中，促进教师成长，推动学校发展。

8. 研究思路

研究假设：我们希望通过朝话课程研究达到多角度发展的目标。

研究方法：调查研究法、行动研究法和案例研究法。

技术路线：

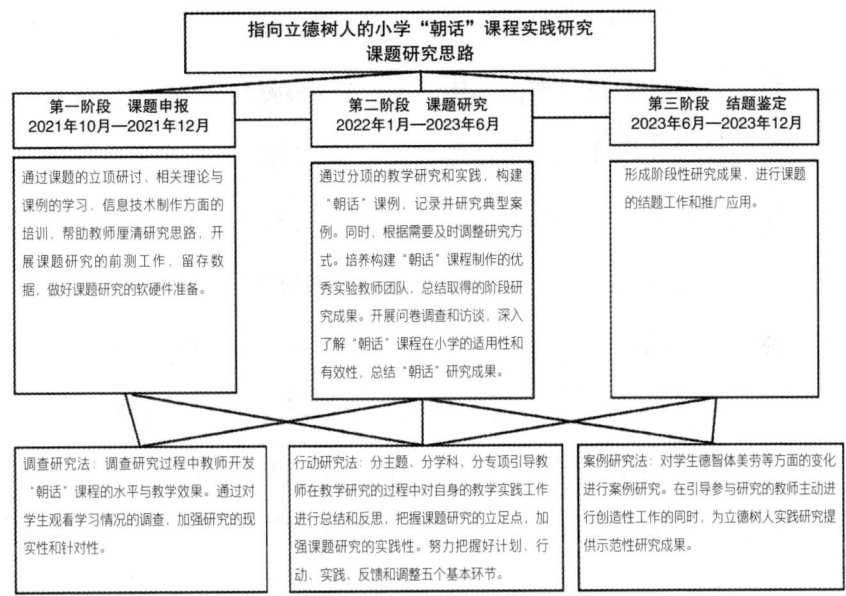

9. 预期成果

形成《指向立德树人的小学"朝话"课程实践研究》研究报告。

通过实践研究，形成系列"朝话"作品，总结出研究方法，发表研究成果论文，出版《指向立德树人的小学"朝话"课程实践研究法》的成果专著。将相关音像资料整理、优化，申报省、市教育教学成果奖。

学生通过观看"朝话"，从短小精悍的视频小窗口，感受博大精深的生活大世界。教师通过研发"朝话"、录"朝话"视频，提升对课程的理解和对教育的理解，形成自己的"朝话"系列课。学校以"朝话"课程为载体，深化校本课程体系，注入不竭的发展动力。

10.可行性分析

（1）本课题实验学校对"朝话"课程研发已经进行了将近两年的研究，教师的多篇"朝话"作品在刘良华教授的"新父母教育"微信公众号进行宣传推广。通过培训、指导、设计、制作，已经形成了对"朝话"课程一定的研究思路和方法，完成了近15万字的"朝话"设计作品，使研究的可行性得到广泛实践验证。

（2）在珠海市教育科研"十三五"规划立项重点课题（立项编号：2018KTZ15）《基于智能移动学习终端的小学课堂教学策略研究》的研究过程中，指导教师研究建立基于智能移动学习终端（手机、平板等播放设备）的"朝话"系列微课群，实现了随时随地学习。该课题于今年10月顺利结题。

（3）《小学朝话课程设计》专著由北京燕山出版社公开出版发行，刘良华教授亲自作序。出版社与中国联通洽谈，将教师制作的视频微课二维码放在专著当中，作为文化产品在联通公司平台投放，通过扫描二维码即可观看到所有"朝话"视频微课，发挥研究成果的更大教育和辐射作用。

（4）实验学校在总结经验基础上研发了红色故事系列"朝话"，为中国共产党建党100周年献礼。广东省党建组工作进入我区进行检查，区教育局党工委将本课题实验学校教师制作红色"朝话"的工作经验作为珠海市的特色做法进行了汇报介绍，并在全区进行经验推广。目前，本区参与"朝话"研究的学校已经达到12所。

综上所述，开展本课题实践研究并取得目标效果具有可行性。

二、通过"朝话"课程研发培养立德树人的实践研究——珠海市"名师工作室"专项课题研究报告

（一）市课题的研究背景

立德树人是教育的根本任务，培养德智体美全面发展的社会主义建设者和接班人。习近平总书记围绕坚持立德树人这一教育的根本任务作了许多重要论述，提出了明确要求。青少年是祖国的未来、民族的希望，青少年教育最重要的是教给他们正确的思想，引导他们走正路。落实立德树人根本任务，我们要牢牢抓住立德树人的关键，全面贯彻党的教育方针，结合新时代的新要求，通过课程载体将立德树人全面落到实处。

（二）核心概念及研究内容

1. 概念解读

立德树人是教育工作的根本任务，也是教育现代化的方向目标。

"朝话"：朝（zhāo）话是在朝会上讲的话。1931年，梁漱溟先生与梁仲华等人在山东邹平创办山东乡村建设研究院，兴起了一场轰轰烈烈的乡村建设运动。本课题研究的"朝话"是一种现代朝话，即以一种视频微课形式呈现的小哲理课、小思政课、小教育课，着力引导学生把正确的道德认知、自觉的道德养成、积极的道德实践紧密结合起来，自觉培育和践行社会主义核心价值观。

"朝话"课程：本课题所研究的"朝话"将放在学校校本课程进

行操作,有课程指导纲要、课时设计、教学内容以及教学评价,课程内容按照加德纳多元智能理论进行分类,即语言智能、数理逻辑智能、音乐智能、空间智能、身体运动智能、人际交往智能、自我认识智能、认识自然的智能。

以上核心概念的界定,明确了本课题主要研究的内容是在立德树人背景下进行小学"朝话"课程的开发与实践。

2.研究内容

本课题所研究的"朝话",是一种基于现代教育技术手段,以一种视频微课形式呈现的小哲理课、小思政课、小教育课。通过每天5分钟左右的"朝话"视频微课,把深刻的道理融入小故事、案例、对话等学生喜闻乐见的形式当中,构建多维度、多视角的朝话课程内容,把立德树人融入思想道德教育、文化知识教育、社会实践教育各环节,贯穿学科体系、教学体系、教材体系、管理体系。

(三)本课题国内外研究的现状

1. 国外研究

立德属于上层建筑的范畴,是一种特殊的社会意识形态。思想道德教育是一个国家治国理政的重要手段。美国的公民教育目的在于增强美国人的公民意识,培养资本主义社会的合格公民,实现资本主义的政治目标,促进社会的稳定和发展。英国的思想道德教育有三种形式,第一种形式是集会,第二种形式是课堂,第三种形式是慈善日,国外的思想道德相关教育大部分是通过有效载体进行落地实施的。

2. 国内研究

我们国家特别重视立德树人教育，自觉贯彻党的教育方针，落实立德树人的根本任务，在大中专院校开设思政课，小学阶段国家开设道德与法治课程。在小学，立德树人教育也会通过大量的国旗下讲话、少先队建设活动等载体进行落地实施。以现代技术支持的"朝话"课程，把社会主义核心价值观融入教育全过程，寓教于乐，是落实立德树人教育极为有效的载体。

（四）市课题的理论依据

我们认为，教师是意义建构的帮助者、促进者，以学生为中心的学习，强调学生的认知主体作用，充分发挥学生的主观能动性。让学生成为信息加工的主体、意义的主动建构者。

教育传播学研究的实质是，如何将教育信息结构化、符号化，实现教育信息的有效互动。本课题研究重视课程资源的开发与利用，通过微课形式的"朝话"载体将立德树人全面落到实处。

（五）市课题研究的目标、研究内容

1. 研究目标

构建"朝话"课程体系，通过每天5分钟左右的视频微课，引领师生开启校园生活有意思和有意义的一天。

每个孩子：每日每晨观看"朝话"，从短小精悍的视频小窗口，感受博大精深中华文化，认识世界。

每位教师：通过构建自己的"朝话"课程，提升对课程的理解和对教育的理解，形成自己的"朝话"课程。

每所学校：以"朝话"课程载体，深化校本课程体系，为学校注入不竭的发展动力。

联盟团队：相互学习，资源共享，共同研究，一起成长。

校长们积极带头研发"朝话"课程、录"朝话"视频，以此兴发师生共学的热情，促进师生的成长和学校的成长。联盟学校携手并进，过有意义感、成就感和作品感的校园生活！

2.研究内容

立德树人"朝话"课程的主题设计包括中国符号、文学殿堂、学科知识、数理逻辑、艺术天地、审美游戏、运动光荣、热爱健康、文明礼仪、认识自我、控制情绪、神奇自然、了解职业等。

系列"朝话"课程设计包括"朝话"主题设计（即系列微课的总题目）、主题解读（含课程目标和课程内容）、课时设计、微课文字稿（包括课题、导语、内容、结语）、制作微课视频（包括时长、使用录屏软件或微课软件制作）。

（六）市课题研究方法

调查研究法：通过对学生观看学习情况的调查，加强研究的现实性和针对性。

行动研究法：努力把握好计划、行动、实践、反馈和调整五个基本环节。

案例研究法：对学生德智体美劳等方面的变化进行案例研究。在引导参与研究的教师主动进行创造性工作的同时，为立德树人实践研究提供示范性研究成果。

（七）市课题实施过程

1. 研究思路

制定科学完善的课题实施方案，通过实践综合集成研究应用成果。实验学校教师参与研究和实践，培养出一批骨干教师，作为种子教师带动学校研究的梯队，充分体现学校实验研究的"校本特点"。定期召开研讨会，汇集阶段性研究成果，把握方向，确定下一步研究重点。探索集"行动研究、学校培训、活动交流、资源共享"为一体的校本研究模式。

2. 研究的重点、难点及可能的创新点

研究重点：努力挖掘教学内容，借助现代教育手段，通过问题驱动、情境创设等途径，培养学生认识问题、分析问题和解决问题的能力。

研究难点：针对学生学习的过程，研究"朝话"课程的构建，总结出一般的规律和方法，优化立德树人教育载体。

可能的创新点：探索集"行动研究、学校培训、活动交流、资源共享"为一体的校本研究模式，培养出一批"朝话"课程设计和制作的骨干教师，作为种子教师带动各个联盟学校研究的梯队，促进教师和学校发展。

3. 研究计划（具体实施方案）

第一阶段 课题申报（2020年11月—2021年2月）

通过课题的立项研讨、相关理论与课例的学习、信息技术制作方面的培训，帮助教师理清研究思路，开展课题研究的前测工作，留存数据，做好课题研究的软硬件准备。

第二阶段 课题研究（2021年2月—2021年12月）

通过分项的教学研究和实践，构建朝话课例，记录并研究典型案例。同时，根据需要及时调整研究方式。培养构建朝话课程制作朝话视频的优秀实验教师，总结取得的阶段研究成果。开展问卷调查和访谈，深入了解朝话课程在小学的适用性和有效性，产生优秀的朝话研究成果。

第三阶段 结题鉴定（2021年12月—2022年3月）

形成阶段性研究成果，进行课题的结题工作和推广应用。

（八）市课题取得的研究成果

1. 构建了"朝话"课程体系

创作完成500余件"朝话"视频微课，通过每天5分钟左右的视频微课，引领师生开启校园生活有意思和有意义的一天。每个孩子：每日每晨观看朝话，从短小精悍的视频小窗口，感受博大精深中华文化，认识世界。每位教师：通过构建自己的朝话课程，提升对课程的理解和对教育的理解，形成自己的朝话课程。12所联盟学校：以朝话课程载体，深化校本课程体系，为学校注入不竭的发展动力。联盟团队：相互学习，资源共享，共同研究，一起成长。

2. 出版了研究专著

何华编著的《小学朝话课程设计》于2021年由北京燕山出版社公开出版发行。实验教师在设计和制作"朝话"的过程中，不断提升对教育教学的理解，逐步向专家型教师迈进；组成的联盟学校，通过对"朝话"课程研发能力的整体提升，促进学校内涵发展，明确学校发展内容和发展路径。

3. 产生了一批研究成果

（1）《小学朝话课程实践研究》成果推送到第四届全国教育博览会珠海展区参展。相关研究被确立为珠海市2021年度特色项目培育成果。

（2）项目主持人何华撰写的《新建学校新教师的培养策略》于2021年1月在《广东教育》发表，《校史馆里的开学第一课》于2022年9月在《学校品牌管理》发表，项目成员邝璋瑜撰写的论文《研发朝话课程 落实立德树人》于2021年6月在《新一代》发表。

（3）实验教师创作完成500余件"朝话"视频微课，形成德育微课资源库。构建的"朝话"课程体系在斗门区齐正小学、斗门区实验小学、东和小学等12所联盟学校推广。

（九）市课题研究主要结论

11所实验学校、历时3年时间进行的"朝话"课程的实践研究取得了丰硕的研究成果。

1. 在有效激发学生认识和认同中华文明、增强文化自信方面，总结出一套成型的经验。包括三个方面的研究策略：第一，深入挖掘中华优秀传统文化。"朝话"的主题设计突出德育为先，从中国符号、节气文化、民间艺术、非遗传承、中医养生、中华礼仪、祖国山川等研发角度入手，精准对接学生的文化需求。善于发现文化元素，有效组合文化元素，生动讲述文化影响。第二，赋予传统文化新的时代内涵。"朝话"研究的内容有意识地将国家现代发展与中华文化有机结合，打造融于生产生活、通俗易懂、生动时尚的传承话语体系，讲好中国故事。通过古为今用，增强时代感；介绍发展变化，增强时代感；联系生活实际，增强时代感。第三，创设活动情境增强代入感。"朝话"使中华优秀传统文化的传播插上了科技的翅膀，结合学生的年龄和认知规律，通过导入情境、问题情境、活动情境等情境创设，给传统文化注入源源不断的新鲜活力。"朝话"课程能够引导学生对民族文化有高度的认同，更激发起保护和传承中华文化的责任感和使命感，逐步形成有"文化自信"底色的人生观、价值观和世界观。

2.借助现代教育手段，通过问题驱动、情境创设等途径，培养了学生认识问题、分析问题和解决问题的能力。针对学生学习的过程，研究"朝话"课程的构建，总结出了一般的规律和方法，优化立德树人教育载体。探索出一套集"行动研究、学校培训、活动交流、资源共享"为一体的校本研究模式。培养出了一批"朝话"课程设计和制作的骨干教师，带动各个联盟学校研究的梯队，促进教师和学校发展。

3.通过课题的立项研讨、相关理论与课例的学习、信息技术制作方面的培训，帮助教师理清了研究思路。通过分项的教学研究和实践，构建"朝话"课例，记录并研究典型案例。培养构建朝话课程制作朝话视频的优秀实验教师，总结取得的阶段研究成果。深入了解"朝话"课程在小学的适用性和有效性，产生了一大批优秀的"朝话"视频微课。

基于立德树人的"朝话"课程研发，是一种进行立德树人教育的创新方式，是一种传承中华民族文化基因与血脉的有效载体。

（十）市课题研究存在的问题及努力方向

充分发挥课题研究的示范引领、辐射带动作用，继续引领团队构建"朝话"课例，加强培养"朝话"课程制作的优秀实验教师，记录并研究典型案例，进行研究成果的推广和应用，让更多的师生和学校受益。主持人已经申请立项省级专项课题《指向立德树人的小学"朝话"课程实践研究》，将对本课题研究进行进一步深化，深入研究"朝话"课程的适用性。

三、立德树人视域下的"朝话"课程研发——广东省2023年度教育科学规划课题开题报告

（一）研究意义

1. 研究背景

教育是立德树人的事业。"国无德不兴，人无德不立"，学校立身之本在于立德树人，要把立德树人的成效作为检验学校一切工作的根本标准。立德，就是坚持德育为先，通过正面教育来引导人、感化人、激励人，培育青少年坚定的理想信念，坚定马克思主义信仰、共产主义远大理想、中国特色社会主义共同理想，树立实现中华民族伟大复兴的自信心，解决好世界观、人生观、价值观这个"总开关"

问题。树人，就是坚持以人为本，通过合适的教育来塑造人、改变人、发展人。立德树人是教育工作的根本任务，也是教育现代化的方向目标。

立德属于上层建筑的范畴，是一种社会意识形态。思想道德教育是一个国家治国理政的重要手段。美国的公民教育目的在于增强美国人的公民意识，培养资本主义社会的合格公民，实现资本主义的政治目标，促进社会的稳定和发展。英国的思想道德教育有三种形式：第一种形式是集会；第二种形式是课堂；第三种形式是慈善日。国外的思想道德相关教育大部分是通过有效载体进行落地实施的。

我们国家特别重视立德树人教育，自觉贯彻党的教育方针，落实立德树人的根本任务，在大中专院校开设思政课，小学阶段国家开设道德与法治课程。在小学，立德树人教育也会通过大量的国旗下讲话、少先队建设活动等载体进行落地实施。但是，针对小学生特点的课程建设还比较匮乏。以现代技术支持的"朝话"课程，把社会主义核心价值观融入教育全过程，寓教于乐，短小精悍，是落实立德树人教育极为有效的载体。

"把立德树人作为教育的根本任务，培养德智体美全面发展的社会主义建设者和接班人"。习近平总书记围绕坚持立德树人这一教育的根本任务作了许多重要论述，提出了明确要求。青少年是祖国的未来、民族的希望，青少年教育最重要的是教给他们正确的思想，引导他们走正路。落实立德树人根本任务，我们要牢牢抓住立德树人的关键,全面贯彻党的教育方针,结合新时代的新要求,通过课程载体将立德树人全面落到实处。

2. 研究现状

1931年,梁漱溟先生与梁仲华等人在山东邹平创办山东乡村建设研究院,"朝话"便是这个时期梁先生每日清晨与研究部同学们的谈话辑录。

我们研的"朝话"是一种基于现代教育技术手段,以一种视频微课形式呈现的小哲理课、小思政课、小教育课。每天一集5分钟左右的视频微课,引领我们的师生开启美好的校园生活。近4年的研究,教师制作的视频微课达800余个,结集出版了《小学朝话课程设计》专著,填补了小学阶段思政课研究的空白。我们研发的"红色朝话"更是受到了省党建部门的表扬。《基于立德树人的小学"朝话"课程实践研究》立项为市级课题,并顺利结题。相关经验介绍在全国教育博览会珠海展区展出,目前已经辐射到12所学校参与,有效促进了青年教师的成长。

我们在华东师范大学刘良华教授指导下研发的"朝话"课程,采取师生"双线并行"的发展原则,教学相长、师生相长,激发师生活力,师生共同兴发。学生观看"朝话"视频之后进行交流和反馈,把学生的反馈作为延展,成为"朝话"课程重要的组成部分。同时,指导学生参与"党的故事我来讲""小小红色宣讲员"等系列活动。师生先后在各级各类的活动当中崭露头角,"朝话"课程先后在学习强国平台、《南方日报》、《广东教育》宣传报道。"双线并行"的

"朝话"课程让我们找准了发力点,有效促进了师生的共同成长,让每个人都享受有仪式感、成就感的校园生活。

3. 研究趋势

古人云:"敬教劝学,建国之大本;兴贤育才,为政之先务。"教育是民族振兴、社会进步的重要基石,是功在当代、利在千秋的德政工程,对提高人民综合素质、促进人的全面发展、增强中华民族创新创造活力、实现中华民族伟大复兴有决定性意义。

青少年是祖国的未来、民族的希望。青少年阶段是人生的"拔节孕穗期",这一时期心智逐渐健全,思维进入最活跃状态,最需要精心引导和栽培。青少年教育最重要的是教给他们正确的思想,引导他们走正路。落实立德树人根本任务,要结合新时代的新要求,通过课程载体有效落实。

一是创新形式。我们党历来高度重视思政课建设。在革命、建设、改革各个历史时期,我们党对思政课建设都作出过重要部署。党的十八大以来,党中央先后召开全国高校思想政治工作会议、全国教育大会,习近平总书记就思政课建设多次强调。针对义务教育阶段中道德与法治、语文、历史三科教材建设,要从维护国家意识形态安全、培养社会主义建设者和接班人的高度来抓好。我们要培养社会主义建设者和接班人。思想政治课要坚持在改进中加强、在创新中提高,及时更新教学内容、丰富教学手段,不断改善课堂教学状况,防止形式化、表面化。

随着信息技术的发展,微课在教育教学中应用广泛应用,以现代技术支持的"朝话"视频微课，通过动画、对话、故事等形式，寓教于乐，短小精悍，可以成为落实立德树人教育的有效载体。

二是打牢根基。当前形势下，办好思政课，要放在世界百年未有之大变局、党和国家事业发展全局中来看待，要从坚持和发展中国特色社会主义、建设社会主义现代化强国、实现中华民族伟大复兴的高度来对待。这就是教育的历史责任。我们党立志于中华民族千秋伟业，必须培养一代又一代拥护中国共产党领导和我国社会主义制度、立志为中国特色社会主义事业奋斗终生的有用人才。这就要求我们把下一代教育好、培养好，从学校抓起、从娃娃抓起。

循序渐进、螺旋上升地开设思政课是培养一代又一代社会主义建设者和接班人的重要保障。人的成长、成熟、成才不是一蹴而就的，而是一个渐进的过程，就跟人的生理发育一样，所以要把这几个阶段都铺陈好。目前，小学阶段的思政教育的研究还处于比较粗浅阶段，尤其是思政教育方面的微课研究格外匮乏。以现代技术支持的"朝话"视频微课，围绕教育部《关于全面深化课程改革落实立德树人根本任务的意见》，针对小学生发展核心素养，进行价值定位。以培养"全面发展的人"为核心，确立人文底蕴、科学精神、学会学习、健康生活、责任担当、实践创新等研发主题。

三是提高实效性。"为学须先立志。志既立，则学问可次第着力。立志不定，终不济事。"要成为社会主义建设者和接班人，必须树立正确的世界观、人生观、价值观，把实现个人价值同党和国家前途命运紧紧联系在一起。我们伟大的祖国日益扩大开放、日益走近世界舞台中央，我国同世界的联系更趋紧密、相互影响更趋深刻，意识形态领域面临的形势和斗争也更加复杂。学校是意识形态工作的前沿阵地，办好思政课，就是要用习近平新时代中国特色社会主义思想铸魂育人，引导学生增强中国特色社会主义道路自信、理论自信、制度自信、文化自信，厚植爱国主义情怀，把爱国情、强国志、报国行自觉融入坚持和发展中国特色社会主义、建设社会主义现代化强国、实现中华民族伟大复兴的奋斗之中。

研究过程中我们也看到，思政教育的课堂效果需要提升，教学研究力度需要加大、思路需要拓展；教学内容还不够鲜活，针对性、可读性、实效性有待增强；教师培养工作还存在短板，教师的教书育人意识和能力还有待提高。所以，我们在"朝话"视频微课的研发过程中，要不断创新教学方法，增强视频微课的对话性、启发性、引导性，以此增强教育的实效性。研发过程中同时要注重对教师的培训指导，提高思想认识，提升专业水平。

四是树立信心。"欲人勿疑，必先自信。"教师本身都不信，还怎么教学生？我们应该有信心办好思政课。党中央对教育工作高度重视，对思想政治工作、意识形态工作高度重视，始终坚持马克思主义指导地位，大力推进中国特色社会主义学科体系建设，为思政课建设提供了根本保证。中国特色社会主义理论是一个体系，习近平新时代中国特色社会主义思想就是在当前这个发展阶段中国共产党历史性提出来的。中华民族几千年来形成了博大精深的优秀传统文化，我们党带领人民在革命、建设、改革过程中锻造的革命文化和社会主义先进文化，为思政课建设提供了深厚力量。

4. 理论价值

文学让人审美，历史令人回眸，哲学引人思索。每一条路都能通向人心灵的深处，回到教育的原点，唤醒和激励师生学习、成长。为了延续中华文明的血脉，体认人类共同的命运，洞察个人内心的本真，实现立德树人目标，我们通过"朝话"课程来整合文学、历史和哲学，以此推进兴发教学在语文学科领域的改革。

"朝话"课程研发有四个追求：

一是综合性。这门课程努力体现语文的课程性质，把语言文字的学习、运用融入其中。"朝话"重视诵读积累、复述故事及模仿写作，以此促进学生读写思的能力。"朝话"是一门综合性、实践性的课程，它打破学科中心，实现跨界学习，涉及文史知识、诗词典故、诸子百家。

二是典范性。阅读是促进学生自学和整体学习的重要途径。"朝话"倡导典范文本的阅读，以"范本"阅读促进"泛本"阅读。精选了《诗经》《孟子》《史记》《古文观止》成语故事、四大名著、古诗词等大量典范的阅读材料，按主题呈现单篇或节选文本。通过"范本"阅读，兴起和引发学生的学习激情，进而主动开展"泛本"阅读。这里的"泛本"是指由典范文本引出的，一篇带多篇、带整本书、带一类书阅读文本，提倡学生开展广泛的读、"不求甚解"的阅读，以求阅读"质"与"量"的均衡。

三是兴发性。"朝话"每一讲均按照"引疑—讲授—讨论—拓展"的思路展开，倡导以兴发的方式，促进学生主动自学、善于提问，并努力体现"如切如磋、如琢如磨"的学习氛围。教师在每一讲"朝话"中，将讲授的篇幅作总体控制，不在于全盘灌输、面面俱到，而在于以点带面、相机诱导；同时注重设计课前的启发质疑、"范本"的阅读兴发、课后的问题思考讨论、拓展阅读或实践，激发学生主动学习的意志，让学生在"朝话"中培养兴趣、学会方法、获得自信。

四是育人性。中国古代有丰厚的诗教传统，注重诗文的"吟咏性情"和道德教化功能，发挥语文学科的育人功能。每一讲"朝话"都是一次与经典、与先哲的对话；每一篇文、史、哲的选文，都是培植、滋养学生健全人格的深厚土壤。"朝话"编选了较多侧重体现"仁、智、勇"三达德的文学故事、历史故事、哲学故事等，努力实现"文武双全、通情达理、劳逸结合"的育人目标，潜移默化地塑造儿童的心灵，培植儿童的人格，使得"立德树人"根本任务得到校本化的实践。

《庄子》中这样记载孔子讲学的情景："孔子游乎缁帷之林，休坐乎杏坛之上。弟子读书，孔子弦歌鼓琴。"在一片树影摇曳中，琴声、书声、歌声丝丝入扣，令人沉醉。

期待通过"朝话"课程研发，带给我们这"弦歌不断"的美好境界。

5. 应用价值

社会主义核心价值观是当代中国精神的集中体现，要发挥教育在培育和践行社会主义核心价值观方面的基础作用，帮助青少年扣好人生的第一粒扣子，广大师生要做社会主义核心价值观的坚定信仰者、积极传播者和模范践行者，形成培育和践行社会主义核心价值观的社会氛围。要培养德智体美劳全面发展的社会主义建设者和接班人。我们的教育必须把培养社会主义建设者和接班人作为根本目标，广大青年要努力在实现中国梦的生动实践中放飞青春梦想！

立德树人关乎党的事业后继有人，关乎国家前途命运。学校办学要始终牢记为党育人的初心，坚定为国育才的立场，以树人为核心、以立德为根本，培育和践行社会主义核心价值观，努力培养担当民族复兴大任的时代新人，培养全面发展的社会主义建设者和接班人。

本课题研究的"朝话"是一种现代朝话，即以一种视频微课形式呈现的小哲理课、小思政课、小教育课。每天5分钟左右的视频微课，引领师生开启校园生活有意思和有意义的一天。"朝话"把深刻的道理融入小故事、案例、对话等学生喜闻乐见的形式当中，构建多维度、多视角的"朝话"课程内容，填补了小学阶段思政课研究的部分空白。

通过"朝话"课程研究达到多角度发展的目标。每个孩子：每日每晨观看"朝话"，从短小精悍的视频小窗口，感受博大精深的生活大世界。每位教师：通过研发"朝话"、录"朝话"视频，提升对课程的理解和对教育的理解，形成自己的"朝话"系列课。参研学校：相互学习，资源共享，共同研究，一起成长。以"朝话"课程为载体，深化校本课程体系，为学校注入不竭的发展动力。

（二）研究内容

1. 总体框架

制定科学完善的课题实施方案，通过实践综合集成研究应用成果。实验学校教师参与研究和实践，培养出一批骨干教师，作为种子教师带动学校研究的梯队，充分体现学校实验研究的"校本特点"。定期召开研讨会，汇集阶段性研究成果，把握方向，确定下一步研究重点。探索集"行动研究、学校培训、活动交流、资源共享"为一体的校本研究模式。

2. 研究目标

探索"朝话"微课的落脚点和研究路径，形成以"朝话"课程研究为载体的校本研究模式。培养出一批"朝话"设计和制作的骨干教师，作为种子教师带动各个联盟学校研究的梯队，在设计、制作、反思、总结的实践研究过程中，促进教师成长，推动学校发展。

3. 研究内容

通过对朝话主题、内容、样式、效果、评价等方面的研究，探索系列"朝话"研发的一般规律和方法，形成适合小学生的"朝话"课程，使之可推广，可应用。

（1）立德树人的主题设计：突出德育为先，参照多元智能理论，针对小学生的特点进行分类开发，包括中国符号、文学殿堂、学科知识、数理逻辑、艺术天地、审美游戏、运动光荣、热爱健康、文明礼仪、认识自我、控制情绪、神奇自然、了解职业等。

（2）系列"朝话"课程设计包括"朝话"主题设计（即系列微

课的总题目)、主题解读(含课程目标和课程内容)、课时设计、微课文字稿(包括课题、导语、内容、结语)、制作微课视频(包括时长、使用录屏软件或微课软件制作)。努力挖掘教学内容,借助现代教育手段,通过问题驱动、情境创设等途径,培养学生认识问题、分析问题和解决问题的能力。形成视频资源库:通过教师的研发、制作,形成"朝话"视频微课资源库,投放到联通公司平台,将所有视频微课免费向校内外学生开放,扩大"朝话"影响。

4. 重点难点

(1)重点:通过对"朝话"主题、内容、样式、效果、评价等方面的研究,探索系列"朝话"研发的一般规律和方法,形成"朝话"课程,使之可推广,可应用。

(2)难点:监管"朝话"的制作。拟通过成立"朝话"管理试播小组,建立标准,管理并优化立德树人的教育载体。

(三)思路方法

1. 基本思路

第一阶段:课题申报。通过课题的立项研讨、相关理论与课例的学习、信息技术制作方面的培训,帮助教师理清研究思路,开展课题研究的前测工作,留存数据,做好课题研究的软硬件准备。

第二阶段:课题研究。通过分项的教学研究和实践,构建"朝话"课例,记录并研究典型案例。同时,根据需要及时调整研究方式。培养构建"朝话"课程制作"朝话"视频的优秀实验教师,总结取得的阶段研究成果。开展问卷调查和访谈,深入了解"朝话"课程在小学的适用性和有效性，产生优秀的"朝话"研究成果。

第三阶段：结题鉴定。形成阶段性研究成果，进行课题的结题工作和推广应用。

2. 研究方法

（1）调查研究法：调查研究过程中教师开发"朝话课程"的水平与教学效果。通过对学生观看学习情况的调查，加强研究的现实性和针对性。

（2）行动研究法：分主题、分学科、分专项引导教师在教学研究的过程中对自身的教学实践工作进行总结和反思，把握课题研究的立足点，加强课题研究的实践性。努力把握好计划、行动、实践、反馈和调整五个基本环节。

（3）案例研究法：对学生德智体美劳等方面的变化进行案例研究。在引导参与研究的教师主动进行创造性工作的同时，为立德树人实践研究提供示范性研究成果。

3. 研究计划

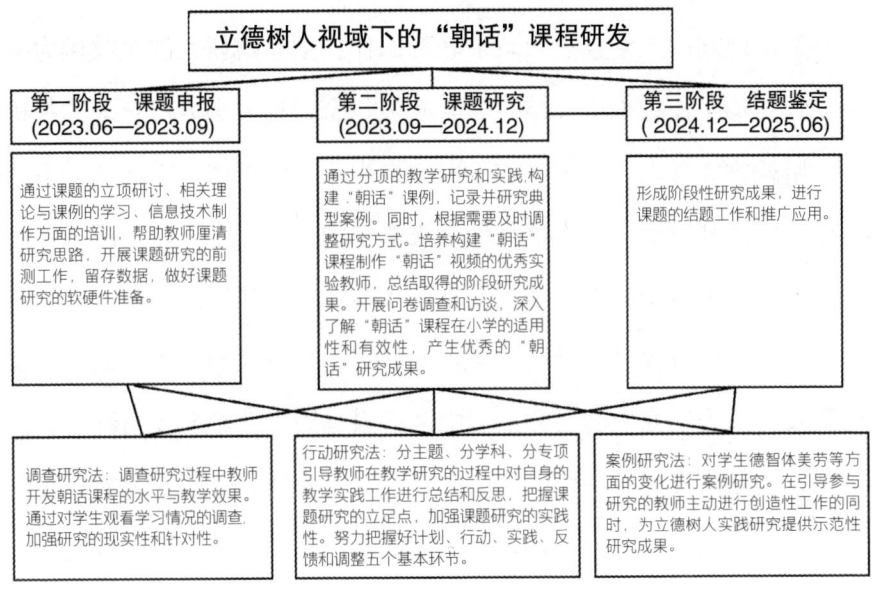

（三）研究基础

1. 课题已有的研究基础

四年时间，实验教师研发了800余节视频微课，让我们更加坚信有能力把微型思政课办得越来越好。所以，我们的"朝话"课程研发要全面贯彻党的教育方针，落实立德树人的根本任务，扎根中国大地办教育，同生产劳动和社会实践相结合，努力培养担当民族复兴大任的时代新人，培养德智体美劳全面发展的社会主义建设者和接班人。教育是国之大计、党之大计，必须始终坚持社会主义办学方向，坚持把立德树人作为根本任务，加快推进教育现代化、建设教育强国，办好人民满意的教育。要把师德师风作为评价教师队伍素质的第一标准，培养有理想信念、有道德情操、有扎实学识、有仁爱之心的好老师，更好担当起学生健康成长指导者和引路人的责任。深化教育改革创新，加强和改进学校思想政治教育工作，把立德树人的成效作为检验学校一切工作的根本标准，建立全员、全过程、全方位育人体制机制。坚持为党育人、为国育才，引导青少年把爱国情、强国志、报国行融入坚持和发展中国特色社会主义事业的奋斗之中，在实现中华民族伟大复兴中国梦的生动实践中放飞青春梦想，书写人生华章。

立项珠海市教育科研规划课题《基于立德树人的小学"朝话"课程研发的实践研究》的研究过程中，成果丰厚，已经顺利结题。通过培训、指导、设计、制作，已经形成了对"朝话"课程一定的研究思路和方法，完成了将近15万字的朝话设计作品，使研究的可行性得到广泛实践验证。

《小学朝话课程设计》专著由北京燕山出版社公开出版发行，刘良华教授亲自作序。出版社与中国联通洽谈，将教师制作的视频微课二维码放在专著当中，作为文化产品在联通公司平台投放，通过家长扫描二维码即可观看到所有"朝话"视频微课，发挥研究成果的更大教育和辐射作用。实验学校在总结经验基础上研发了红色故事系列"朝话"，作为珠海市的特色做法进向广东省党建工作检查组行了汇报介绍，并在全区进行经验推广。目前，本区参与"朝话"研究的学校已经达到了12所。

2. 课题主持人前期研究基础

出版专著《听花开的声音——教学策略研究成果》（吉林人民出

版社）。

论文《文化自信底色的"朝话"课程研发》在《光明教育家》发表。

论文《学校文化与学校品牌的逻辑关系》在《学校品牌建设》发表。

论文《新建学校新任教师的培养策略》在《广东教育》发表。

论文《信息技术实现学校跨越发展》在《广东教育装备》发表。

参与研究的科研成果获得教育部成果奖二等奖、广东省教育成果奖一等奖。

教育部数字化研究中心全国优质课大赛研讨课一等奖。

教育部数字化研究中心全国NOC（全国中小学信息技术创新与实践活动）大赛微课程评优一等奖。

广东省"一师一优课，一课一名师"省级优课。

近三年，在广东省内外送教、送讲座60余节，论坛登上学习强国平台。

主持的珠海市十四五重点课题、珠海市专项课题，均顺利结题。

后 记

研发"朝话"课程 增强文化自信

何 华

文化自信是对民族文化价值的高度认同和积极践行，也是对文化生命力持有的坚定信心。二十大报告提出"创新传承传统文化的方式"，如何通过有效载体传承中华民族文化基因与血脉，是亟待解决的问题。随着信息技术的发展，微课在教育教学中被广泛应用，但是，小学文史哲融合方面的微课还比较匮乏。为了填补相关研究的空白，我们研发了一种以视频微课形式呈现的小哲理课、小教育课，命名为"朝话"。通过每天早上播放"朝话"，引领师生开启校园生活有意思和有意义的一天。12所实验学校，历时4年时间，取得了丰硕的研究成果，在有效激发学生认识和认同中华文明、增强文化自信方面，总结出一套成型的经验。

一、深入挖掘中华优秀传统文化

传承弘扬民族智慧，激活中华优秀传统文化生命力，必须深耕文化资源沃土。"朝话"的主题设计突出德育为先，比如中国符号、节气文化、民间艺术、非遗传承、中医养生、中华礼仪、祖国山川等，研发角度丰富，又精准对接学生的文化需求。

善于发现文化元素。"祥瑞"是人们为了寄托美满愿望而创造出来的一种文化符号。在中国，祥瑞符号和图案无所不在，无人不用。所以，了解祥瑞文化是了解中国文化的一个很重要的方式和内容。结合小学生的年龄和认知特点，笔者选择了龙、凤、麒麟、龟、鹤等祥瑞内容，设计制作了8集"中国祥瑞"系列"朝话"。从不同侧面，全面展示了中国祥瑞的独特文化魅力。通过对龙、凤等具体的祥瑞符号的解读与介绍，让中华优秀传统文化"活"了起来。

有效组合文化元素。"中华之魂"选择了"黄河""长江""北斗"这些中国精神的象征元素进行设计制作。"黄河，孕育了灿烂的华夏文明，中国人称其为'母亲河'""我们的祖先在长江广袤而连绵的两岸休养生息，把长江流域变成肥美富庶的'鱼米之乡'""北斗七星是古人辨识方位的依据，现代中国的北斗卫星导航系统正在成为太空中的指南针"。通过解读，帮助学生理解中华图腾蕴含的价值，坚定文化自信，憧憬未来，向往美好。

生动讲述文化影响。"四大发明"帮助学生了解四大发明及其对西方社会和世界文明的影响。"造纸术"为人类提供了经济、便利的书写材料，掀起一场人类文字载体革命；"印刷术"大大促进了文化的传播；"指南针"为航海家的航海活动提供了条件；"火药"的发明，对人类社会文明的进步，对经济、科学、文化的发展起到了推动作用。四大发明是中国古代先民为世界留下的一串光耀的足迹，是为人类文明进步作出巨大贡献的象征，激发起学生的民族认同感和自豪感。

二、赋予传统文化新的时代内涵

我们研究的"朝话"要有意识地将国家现代发展与中华文化有机结合，打造融于生产生活、通俗易懂、生动时尚的传承话语体系，讲好中国故事。

古为今用，增强时代感。"中国祥瑞"将现代科技与古代传说故事紧密联系起来："中国古代有嫦娥和玉兔的传说故事，现实中的月球上其实到处是荒凉和尘埃。我们中国的绕月探测工程被命名为'嫦娥'，2013年'嫦娥三号'的月球车得名'玉兔'，成功着陆月球。如今，我们可以正大光明地说'月亮上真的有嫦娥和玉兔'。"现代科技沿用古代名称的做法要告诉大家，数千年中国人幻想的神话世界已经变成现实，民族自豪感油然而生。

介绍发展变化，增强时代感。"五谷杂粮"带领我们凝望农耕民族的历史：五谷杂粮诞生于古代社会，历经千百年，养育了一代又一代的中国人。现在，仍然渗透在中国人的饮食文化中。接着，介绍了"杂交水稻之父"袁隆平院士的梦——"禾下乘凉梦"是他对杂交水稻高产的理想追求；"杂交水稻覆盖全球梦"是他希望发展杂交水稻来造福全世界的人民。丰收是人类和自然之间最质朴的联系，盘中的每一粒米都是辛勤劳作的成果。当我们细细品尝每一口米饭，感觉它的软硬的同时也一定感受到了它的温度。

联系生活实际，增强时代感。推动中华优秀传统文化入脑入心，要将传统文化的优秀思想融入学生的学习与生活。"五岳"让我们感受到祖国高山大川壮美的同时，了解其历史文化内涵。五岳经过漫长的历史演变，早已成为中国山岳文化的代表，承载着深厚的人文历史。了解五岳，成为进一步了解民族文化发展的重要方式和内容；走进五岳，体验名山大川承载的中华文化的独特魅力。

三、创设活动情境增强代入感

"朝话"使中华优秀传统文化的传播插上了科技的翅膀，要结合学生的年龄和认知规律，通过情境创设，给传统文化注入源源不断的新鲜活力。

首先导入情境。微课"中国祥瑞"以动画片段导入，激发起学生的学习兴趣。"'祥瑞'是吉祥的征兆，同学们熟悉的《西游记》'猴王出世'前，就有'天降祥瑞'。"通过情境创设诱发学生的探究心理，点燃学习情感，增强了互动性。

其次问题情境。微课"梅花"介绍了几位诗人的咏梅诗句，陆游的"零落成泥碾作尘，只有香如故"借梅花比喻自己不同流合污的情操；王冕的"不要夸人颜色好，只留清气满乾坤"借梅花表达自己坚贞不屈的品质。"中国人赏梅，不仅欣赏梅的外表，更注重梅所蕴含的人格寓意和精神力量。你还知道哪些描写梅花的诗句？体会一下诗人所表达的情感吧！"通过提问引导学生搜集相关诗句，增强了"朝话"的互动性，更激发了学生对"梅文化"和"君子品质"的无尽探寻。

最后活动情境。微课"二十四节气"先介绍了阳历与阴历，然后以问题"聪明的古人是怎么将二十四节气制定出来的"引导学生观看视频，通过有趣的节气故事、优美的节气诗句、精美的节气插图，让学生了解二十四节气，更了解中国古人的智慧，感受到中华文化的博大精深。

"朝话"课程通过深入挖掘中华优秀传统文化、赋予传统文化新的时代内涵、创设活动情境增强代入感，加深学生对民族文化的认同，激发起他们保护和传承中华文化的责任感和使命感，逐步形成有"文化自信"底色的人生观、价值观和世界观。

参考文献

［1］梁漱溟.朝话[C].上海：上海人民出版社，2017.

［2］邓跃茂.立德树人：成就最好的学生和老师[M].北京：东方出版社，2020.

［3］王树荫.厘清立德树人根本任务中"德"的含义[J].光明日报，2019.

［4］肖思汉，雷浩.基于核心素养的课程建构[M].上海：华东师范大学出版社，2018.

［5］李子建.校本课程发展、教师发展与伙伴协作[M].北京：教育科学出版社，2010.

［6］杨道宇.结构化课程理论[M].北京：中央编译出版社，2012.

［7］刘良华.教育研究方法[M].上海：华东师范大学出版社，2021.

［8］李茜.坚持把立德树人作为教育的根本任务[J].江门新网,2022.

［9］徐忠麟.推动社会主义核心价值观教育全面融入教学体系[J].中国教育报,2023.

［10］陈心,丛敏.学科核心素养理念指导下的通用技术实验教学[J].福建基础教育研究,2019(5):139-141.